Brevidade
inteligente

Jim VandeHei, Mike Allen
e Roy Schwartz

Brevidade inteligente

CONTADOR BREVIDADE INTELIGENTE:

28.500 palavras

107 minutos

Smart Brevity

O poder de dizer muito com poucas palavras

SEXTANTE

Título original: *Smart Brevity*
Copyright © 2022 por Axios Media Inc.
Copyright da tradução © 2023 por GMT Editores Ltda.
Publicado mediante acordo com Workman Publishing Co., Inc.,
um selo da Hachette Book Group, Inc., Nova York.

SMART BREVITY é uma marca registrada da Axios Media Inc.
Todos os direitos reservados. Nenhuma parte deste livro pode ser utilizada ou reproduzida sob quaisquer meios existentes sem autorização por escrito dos editores.

tradução: Bruno Fiuza
preparo de originais: Sibelle Pedral
revisão: Hermínia Totti e Tereza da Rocha
projeto gráfico: Lisa Hollander
diagramação e adaptação de capa: Ana Paula Daudt Brandão
ilustrações: Aïda Amer, Rae Cook, Sarah Grillo e Megan Robinson
impressão e acabamento: Geográfica e Editora Ltda.

CIP-BRASIL. CATALOGAÇÃO NA PUBLICAÇÃO
SINDICATO NACIONAL DOS EDITORES DE LIVROS, RJ

V315b
    Vandehei, Jim
        Brevidade inteligente / Jim Vandehei, Mike Allen, Roy Schwartz ; tradução Bruno Fiuza. - 1. ed. - Rio de Janeiro : Sextante, 2023.
        224 p. : il. ; 21 cm.

    Tradução de: Smart brevity
    ISBN 978-65-5564-665-8

    1. Comunicação empresarial. I. Allen, Mike. II. Schwartz, Roy. III. Fiuza, Bruno. IV. Título.

23-83283   CDD: 658.45
                                  CDU: 005.57

Gabriela Faray Ferreira Lopes - Bibliotecária - CRB-7/6643

Todos os direitos reservados, no Brasil, por
GMT Editores Ltda.
Rua Voluntários da Pátria, 45 – 14.º andar – Botafogo
22270-000 – Rio de Janeiro – RJ
Tel.: (21) 2538-4100
E-mail: atendimento@sextante.com.br
www.sextante.com.br

Sumário

INTRODUÇÃO
Nevoeiro de palavras 9

PARTE 1
O que é Brevidade Inteligente?

1. Curto, não raso 19
2. Explicando a Brevidade Inteligente 27
3. O caminho para a Brevidade Inteligente 43
4. O público em primeiro lugar 51

PARTE 2
Como fazer

5. Agregue valor 63
6. Capture a minha atenção! 71
7. UMA coisa importante 79
8. Por que isso é importante 87
9. Para ir mais fundo 95
10. As palavras certas 103
11. Emojis 111

PARTE 3

Brevidade Inteligente em ação

12. O manual do Mike — 117

13. A arte da newsletter — 125

14. Seja ouvido no trabalho — 133

15. Brevidade Inteligente nos e-mails — 141

16. Brevidade Inteligente nas reuniões — 151

17. Brevidade Inteligente nas suas falas 159

18. Brevidade Inteligente nas apresentações 169

19. Brevidade Inteligente nas redes sociais 175

20. Brevidade Inteligente nos layouts 185

21. Como gerir uma empresa com Brevidade Inteligente 191

22. Comunique-se de forma inclusiva 201

23. A cola 209

24. Ponha seu estilo à prova 219

Agradecimentos 222

INTRODUÇÃO

Nevoeiro de palavras

CONTADOR BREVIDADE
INTELIGENTE

1050
PALAVRAS

4
MINUTOS

Nevoeiro de palavras

Nunca na história da humanidade usamos tantas palavras em tantos lugares com tanta velocidade.

POR QUE ISSO É IMPORTANTE: Esse fenômeno novo e exaustivo congestionou nossas caixas de entrada, paralisou ambientes de trabalho, obstruiu nossa mente – e nos inspirou a criar o conceito de Brevidade Inteligente... e a escrever este livro.

Seja honesto: você é um prisioneiro das palavras. Você escreve, lê e ouve palavras.

- Palavras avulsas. Palavras por e-mail. Palavras tuitadas. Palavras em mensagens de texto. Palavras de memorando. Histórias com palavras. Palavras, palavras, palavras.

- Passamos o dia ouvindo, vendo e lendo palavras, clicando em nossas minúsculas telas e sempre querendo mais.

Isso esgota nossa mente. É o que vemos e sentimos diariamente. Estamos mais dispersos, mais impacientes, mais saturados. Rolamos. Deslizamos. Clicamos. Compartilhamos.

- Estudos de rastreamento ocular mostram que gastamos 26 segundos, em média, na leitura de um conteúdo.

- Em média, permanecemos menos de 15 segundos na maioria dos sites em que entramos. Eis outra estatística bizarra: um estudo descobriu que nosso cérebro leva 17 milissegundos para decidir se gostamos ou não de algo em que acabamos de clicar. Se não gostamos, fechamos.

- Compartilhamos a maioria das histórias sem nos dar ao trabalho de lê-las.

Então esperamos, inquietos, uma gratificação instantânea ou apenas *mais* – mais uma piada, uma provocação, uma notícia, uma conexão, uma curtida, um compartilhamento, retuítes, comentários. Assim, focar em uma tarefa, resistir a olhar o celular, ler algo a fundo, nos lembrar das coisas, reparar no que importa – tudo isso fica mais difícil.

- Olhamos nosso celular mais de 344 vezes por dia – uma vez a cada 4 minutos pelo menos. Pesquisas comportamentais – e nossos detectores de "mentira" – mostram que subnotificamos nosso uso real.

- Passamos os olhos em quase tudo que aparece em nossas telas, mas não lemos de verdade quase nada.

- Essencialmente, alimentamos nosso vício produzindo ondas de dopamina por meio de mais mensagens, tuítes, buscas, fofocas, vídeos, posts. *Click. Click. Click...*

Nevoeiro de palavras

O QUE A CIÊNCIA E OS DADOS NOS DIZEM:
Há poucas evidências de que esse comportamento esteja reprogramando nosso cérebro. Pelo contrário, sempre fomos propensos a distrações. Só que agora estamos sob uma rajada de distrações o *tempo inteiro*.

- Isso ativa dois defeitos humanos simultaneamente: o fato de sermos péssimos em fazer várias coisas ao mesmo tempo e nossa dificuldade em voltar a nos concentrar quando nossa atenção é desviada. A maioria das pessoas leva mais de 20 minutos para retomar o foco após uma distração.
- Não é surpresa que as velhas formas de comunicação percam terreno para esse caos cada vez maior.

PANORAMA GERAL: Estamos chafurdando em ruído e bobagem na maior parte do tempo que passamos acordados. E, quando nos deitamos para dormir, pegamos o celular para rápidas conferidas sempre que mudamos de posição. É a loucura da mente moderna.

Esse nevoeiro de palavras cada vez mais denso tem duas causas principais: a tecnologia e os maus hábitos.

1. A internet e os smartphones abriram as comportas para que todos pudessem dizer e ver tudo em escala, de graça, instantaneamente, o tempo todo. Ganhamos acesso ao Facebook, Google, Twitter, Snapchat, TikTok. E abusamos disso.

Podemos compartilhar todos os nossos pensamentos. Publicar quando estamos orgulhosos ou irritados. Fazer pesquisas no Google quando estamos confusos ou curiosos. Assistir a vídeos sobre qualquer assunto quando estamos entediados.

2. Mas as pessoas continuam a produzir enormes quantidades de e-mails, cartas, memorandos, artigos, histórias e livros, como se estivéssemos em 1980. Pense nisto: sabemos que todo mundo tem menos tempo, mais opções, distrações infinitas, mas continuamos a cuspir a mesma quantidade de palavras. Ou até mais. E escritas da mesma forma que fazemos há gerações.

Isso não é novidade. Mark Twain, em carta a um amigo em 1871, confessou: "Não tive tempo de escrever uma carta curta para você, então escrevi uma comprida."

- Todo mundo faz isso. Tentamos fingir – ou exibir – inteligência exagerando nas palavras. Vemos isso no trabalho, em e-mails pessoais, na imprensa.

- Aprendemos que texto longo é sinônimo de profundidade e relevância. Os professores pedem redações com um número determinado de palavras. Quanto mais extensa a matéria da revista, mais séria ela parece. Quanto mais grosso o livro, mais inteligente o autor soa.

- Graças à tecnologia, essa obsessão deixou de ser uma falha para se tornar um bug teimoso que rouba o nosso tempo.

O resultado é o desperdício de bilhões de palavras:

- Apenas cerca de um terço dos e-mails de trabalho que requerem atenção é lido.

- A maioria das palavras na maioria das notícias é ignorada.

- A maioria dos capítulos da maioria dos livros permanece intocada.

Nevoeiro de palavras

O problema é grave e está presente em quase todos os locais de trabalho. Não importa se você trabalha numa multinacional, em um pequeno negócio ou em uma startup, nunca foi tão difícil fazer com que as pessoas se concentrem no que é importante de fato.

- A realidade do "trabalhar de qualquer lugar" no mundo transformado pela covid-19 afetou as comunicações de maneira profunda e crítica nas empresas, entre os líderes e entre os colaboradores.

- Esse problema ecoa em todas as organizações porque, neste mundo disperso, uma cultura vibrante, uma estratégia clara e uma execução rápida dependem de uma comunicação eficiente.

- O CEO da Slack, Stewart Butterfield, nos disse que, em uma organização hipotética com 10 mil funcionários e uma folha de pagamento de 1 bilhão de dólares, algo entre 50% e 60% do tempo dos empregados é despendido em alguma forma de comunicação. No

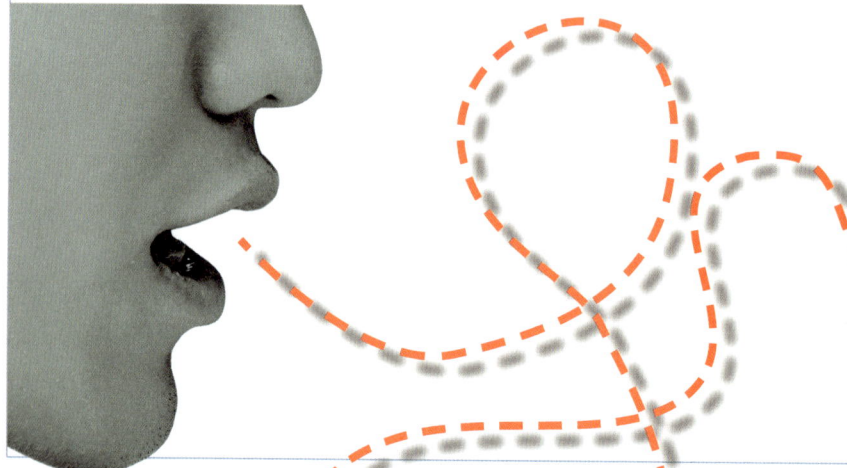

entanto, eles não recebem ferramentas nem treinamento para se comunicar bem.

MORAL DA HISTÓRIA: Todos nós estamos diante de um desafio épico: como fazer com que uma pessoa preste atenção em algo importante no meio dessa confusão?

NOSSA SOLUÇÃO: Adapte-se à forma como as pessoas consomem conteúdo – não à forma como você *gostaria* que elas consumissem ou à forma como consumiam antigamente. Portanto, mude agora a forma como você se comunica. É possível fazer isso bem rápido adotando a Brevidade Inteligente.

A VANTAGEM PARA VOCÊ: Você vai aprender a abrir caminho em meio ao ruído, a ser ouvido no que é mais importante e a obter reconhecimento por suas ideias mais relevantes. E verá que essa nova forma de pensar e se comunicar é libertadora, contagiante e fácil de ensinar.

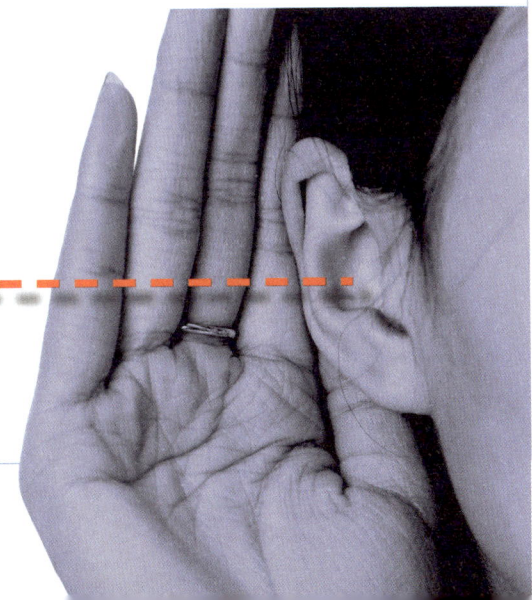

Parte 1

O que é Brevidade Inteligente?

1

Curto, não raso

CONTADOR BREVIDADE
INTELIGENTE

950 PALAVRAS | 3,5 MINUTOS

Curto, não raso

Pregamos um pedaço de papel respingado de molho na parede da redação da Axios, a nossa startup em Arlington, no estado da Virgínia. Está escrito: "Concisão é confiança. Extensão é medo."

POR QUE ISSO É IMPORTANTE: Comandamos uma empresa de mídia. Vivemos, respiramos e ganhamos dinheiro com palavras, fazendo com que os leitores mais influentes e exigentes as consumam – CEOs, líderes políticos, gestores e curiosos viciados em notícias.

- Ainda assim, nossa solução para o nevoeiro verborrágico é levar as pessoas a produzir e consumir menos palavras – *muito menos*.

Chamamos isso de Brevidade Inteligente (Smart Brevity, na expressão original em inglês). É um sistema e uma estratégia para pensar com mais eficácia, se comunicar com maior clareza e poupar tempo – o seu e o dos outros. Seu maior poder é ensinar você a dizer muito mais com muito menos.

- Graças à internet, nossa forma de consumir informação evoluiu radicalmente. Mas pouco mudou na nossa forma de escrever e de nos comunicarmos em um ambiente de pessoas distraídas e saturadas.

A Brevidade Inteligente ataca esse problema. Neste livro, vamos mostrar como palavras fortes, frases curtas, chamadas cativantes, visual simples e ideias bem organizadas fazem sua mensagem se destacar e ser lembrada.

- Também vamos mostrar como os dados, os hábitos de consumo, as tendências mais recentes da tecnologia e do ambiente de trabalho e nossas próprias trajetórias profissionais ilustram os surpreendentes benefícios de uma comunicação mais concisa, mais inteligente e mais simples.

- Vamos ensinar as estratégias fundamentais que nos ajudaram a criar duas empresas (Axios e Politico) e a chegar ao topo do jornalismo americano e nos tornaram melhores como líderes e como pessoas.

- Vamos contar histórias divertidas e elucidativas para descontrair e mostrar como você também pode aplicar a Brevidade Inteligente no seu trabalho e na sua vida.

Estamos à frente de uma empresa de mídia, mas este não é um livro para jornalistas. Ele foi escrito para melhorar a capacidade de comunicação de qualquer pessoa.

- Se você é estudante, a Brevidade Inteligente vai tornar seus trabalhos e suas apresentações mais atraentes.

- Se você lida com vendas, a Brevidade Inteligente vai deixar sua comunicação mais eficaz e ajudá-lo a fechar negócios.

- Se você administra uma instituição – seja uma empresa, uma cidade, uma universidade ou uma organização sem fins lucrativos –, a Brevidade Inteligente vai deixar suas mensagens mais claras e marcantes, fortalecendo o entrosamento e a criatividade da equipe.

- Se sua intenção é simplesmente transmitir informações importantes – seja você um gestor, um professor ou um

Curto, não raso

líder comunitário –, este livro vai lhe revelar os segredos para ser ouvido.

MORAL DA HISTÓRIA: Não há como unir pessoas em torno de uma estratégia ou ideia se elas se distraem ou não entendem o que está sendo dito.

- Usando as velhas formas de comunicação, quase ninguém está prestando atenção no que você diz.
- Vamos mostrar como reestruturar sua forma de pensar. E então sua escrita vai se destacar com clareza cristalina.

Faça ~~muito~~ mais com ~~muito~~ menos.

Sabemos que você pode estar cético em relação ao uso da Brevidade Inteligente.

- A maioria das pessoas fica, a princípio. Nós mesmos ficamos. Nós três, fundadores da Axios, ganhávamos um bom salário produzindo palavras para nossos chefes.

A esposa de Jim, Autumn, odiou o conceito deste livro. Seus filhos também ficaram reticentes enquanto ele escrevia os capítulos em seu iPhone. Autumn é uma amante das palavras – uma acadêmica, uma leitora voraz. Foi isto que dissemos a ela:

- Não estamos negando que existem ocasiões para se entregar às palavras. É só pensar na ficção, na poesia, em cartas de amor ou em conversas casuais.

- Continue devorando suas revistas, lendo bons livros e assistindo a filmes longos.

Também não estamos dizendo que você deve encurtar seus textos apenas para deixá-los menores – o ponto é que sua escrita ganha mais alma e destaque se for direta, pragmática e sucinta. Não omita fatos nem detalhes importantes, não simplifique demais nem nivele por baixo. "Curto, não raso" é o que dizemos aos nossos repórteres.

Curto, não raso

PARA IR MAIS FUNDO: Nossa tese é: se você quer transmitir informações importantes no mundo digital, precisa repensar – e reformular – radicalmente a forma como as transmite.

- Comece aceitando que a maioria das pessoas vai só passar os olhos ou pular a maior parte do que você escreve. Então faça valer cada palavra e cada frase.
- Compartilhe MAIS valor em MENOS tempo.
- Coloque seus leitores em primeiro lugar. As pessoas estão sobrecarregadas e têm expectativas em relação ao precioso tempo que dedicam ao seu texto. Em geral, tudo o que querem saber é quais são as novidades e "por que isso é importante". Dê isso a elas.

- Mude seus métodos e seu estilo para conquistar os leitores. Já.

  Você verá resultados rápidos e consistentes.

- Você se tornará mais eficiente e produtivo no trabalho, além de um comunicador mais competente, relevante e marcante nas redes sociais. Sua voz e suas palavras vão se destacar e repercutir como nunca.

- Isso vai obrigá-lo a repensar outros aspectos que consomem seu tempo e a priorizar seus leitores – não o seu ego ou seus maus hábitos – na hora de compartilhar pensamentos, ideias, notícias e atualizações.

- Os maiores beneficiários são as pessoas com quem você está tentando se comunicar. Esse novo estilo de comunicação pode ajudar gestores a poupar inúmeras horas, alinhar empresas em torno de suas missões, liberar a criatividade e explicitar o que é mais relevante.

O MAIS IMPORTANTE: Você vai desenvolver rapidamente autoconfiança em sua voz mais precisa e clara – e verá que as pessoas vão ouvir e lembrar (e, com sorte, compartilhar) suas opiniões mais importantes. Você voltará a ser ouvido.

Explicando a Brevidade Inteligente

CONTADOR BREVIDADE
INTELIGENTE

| 3150 | 12 |
| PALAVRAS | MINUTOS |

Explicando a Brevidade Inteligente

A Brevidade Inteligente é uma nova forma de pensar sobre produção, compartilhamento e consumo de informações em nosso mundo digital desordenado e barulhento.

POR QUE ISSO É IMPORTANTE: Dominar as duas partes cruciais da mensagem – inteligência e concisão – dá nitidez ao raciocínio, poupa tempo e abre caminho em meio ao ruído.

- A maioria das pessoas pensa no que quer dizer e depois dilui o raciocínio poluindo-o com palavras piegas, conselhos longos e digressões inúteis. A vítima é a concisão.

PANORAMA GERAL: Pense em como você quer consumir informações ou explicar algo interessante quando se senta para tomar uma cerveja no bar ou conversa com um amigo em um café.

- As pessoas querem saber algo novo, revelador, emocionante. E querem que você coloque isso em contexto e explique "Por que isso é importante". Então, a partir de uma dica visual ou verbal, elas decidem "Ir mais fundo" ou não na conversa.

- Se você concordou com a afirmação anterior, pergunte a si mesmo: por que escrevemos cartas, artigos, e-mails, memorandos ou posts que fazem o contrário? Somos enroladores e egocêntricos. Chatos e dispersos. Verborrágicos e enfadonhos.

- Algo deu errado na nossa jornada evolucionária e nos transformamos em tolos prolixos com meia dúzia de

NASCE UM ESTILO

David Rogers – há muito tempo um grande nome do *The Wall Street Journal* e o maior jornalista político da nossa geração – é o pai da Brevidade Inteligente.

Personagem notoriamente ríspido e direto, David foi mentor de Jim no início dos anos 2000. Certa vez Jim, recém-chegado ao *WSJ* e se sentindo um Walt Whitman, escreveu um longo texto em uma bela e sinuosa prosa e mostrou-o a David. "Está uma merda", disse o veterano, que então imprimiu o texto, pegou um lápis e revisou a estrutura, mostrando como *deveria* ter sido escrito para chegar aos leitores. Esboçou uma frase de abertura curta e direta, cortou as palavras supérfluas, pediu um fato ou uma citação que acrescentasse alguma informação e, por fim, exigiu um parágrafo que desse o contexto ao que estava sendo dito.

Anos depois, seu trabalho inspirou a arquitetura da Brevidade Inteligente.

Explicando a Brevidade Inteligente

palavras bonitas na manga. Quando escrevemos, nossa voz se torna empolada. Nosso raciocínio fica turvo. Nossa autenticidade se evapora.

A VERDADE NUA E CRUA: De modo geral, as pessoas são péssimas ao escrever e caóticas ao pensar.

- Todos nós já sentimos isto: temos uma ideia ou um pensamento inteligente – uma mudança de estratégia, uma forma de conectar amigos ou uma proposta para um novo trabalho. Em seguida, começamos a digitar e parece... uma grande porcaria. Outra pessoa se manifesta, dizendo a mesma coisa... e soa brilhante. Então nos sentimos uma farsa.

Pense na Brevidade Inteligente como uma camisa de força para aprisionar seus piores instintos ou hábitos de comunicação. Um modo de limpar e reorganizar seu pensamento – e depois expressá-lo com potência.

- Com a Brevidade Inteligente, você não terá que começar do zero toda vez que quiser dizer algo. Em vez disso terá uma estrutura replicável, que fará com que você pareça a pessoa mais inteligente e organizada no recinto.

Essa receita, aperfeiçoada ao longo dos anos, ajudou a posicionar as newsletters da Axios entre as mais lidas e lucrativas dos Estados Unidos. Porém, e aqui vem o mais importante, ela começou a mudar a forma como as empresas e os pensadores mais inovadores do país se comunicam interna e externamente.

- **FATO CURIOSO**: Alguns anos após o lançamento da Axios, executivos da NBA, das maiores companhias aéreas e de organizações sem fins lucrativos nos procuraram com uma pergunta semelhante: "Nossos chefes estão lendo a newsletter da Axios e adoram o conceito de Brevidade Inteligente. Existe alguma forma de nos comunicarmos do mesmo modo que vocês?"

- **NOSSA PRIMEIRA RESPOSTA FOI:** Somos uma empresa de mídia, não professores de redação.

Mas esses contatos se multiplicaram. Então fizemos o que qualquer bom jornalista faria: investigamos. Queríamos saber por que algumas das empresas mais poderosas do mundo tinham tantos problemas de comunicação, a ponto de pedir ajuda à nossa empresa de mídia.

- Acontece que Mitt Romney estava (mais ou menos) certo quando, na época em que era candidato a presidente pelo Partido Republicano, disse: "Empresas também são pessoas." Elas estavam tão paralisadas pela tempestade de palavras quanto nós, seres humanos. Só que em uma escala muito maior.

As empresas também estavam se afogando em textos, e-mails e comunicados corporativos, sem saber quem estava lendo o quê e por quê. Não surpreende que as pesquisas mostrassem funcionários perdidos, desconectados, confusos.

Quem vê tudo não se lembra de nada.

TOP 4 DA BREVIDADE INTELIGENTE

A Brevidade Inteligente na escrita tem quatro pilares, todos fáceis de aprender e de pôr em prática – e depois ensinar. Eles não se aplicam a todas as circunstâncias, mas vão ajudar você a começar a se concentrar nas mudanças necessárias.

❶ Uma "provocação" potente:

Seja um tuíte, uma manchete ou o campo de assunto do e-mail, você precisa de cerca de seis palavras fortes para capturar a atenção de quem está vendo o Tinder ou o TikTok.

❷ Uma primeira frase forte, ou "lide":

A frase inicial deve ser memorável – algo que o leitor não saiba, gostaria de saber ou deveria saber. Deixe essa frase o mais direta, curta e clara possível.

❶ Uma "provocação" potente

❷ Uma primeira frase forte, ou "lide"

(Captura de tela do site axios.com – 24 de março de 2022 – Economia e negócios)

Seu CEO não tem companhia para o almoço

Erica Pandey, autora de Axios @Work

Ilustração: Aïda Amer/Axios

Escritórios estão reabrindo, mas apenas os executivos querem voltar ao trabalho presencial.

Por que isso é importante: Há uma

❸ Contexto, ou "Por que isso é importante":

Estamos todos fingindo. Conversando com CEOs da Fortune 500, Mike e eu percebemos que todo mundo sabe muito sobre poucas coisas. Temos vergonha ou medo de perguntar, mas quase sempre precisamos que a outra pessoa explique por que seu novo fato, ideia ou raciocínio é relevante.

❹ A opção por saber mais ou "Ir mais fundo":

Não obrigue ninguém a ler ou ouvir mais do que quer. Deixe que a pessoa decida se deseja se aprofundar no assunto. Se ela optar pelo "sim", o que vier a seguir deve mesmo valer a pena.

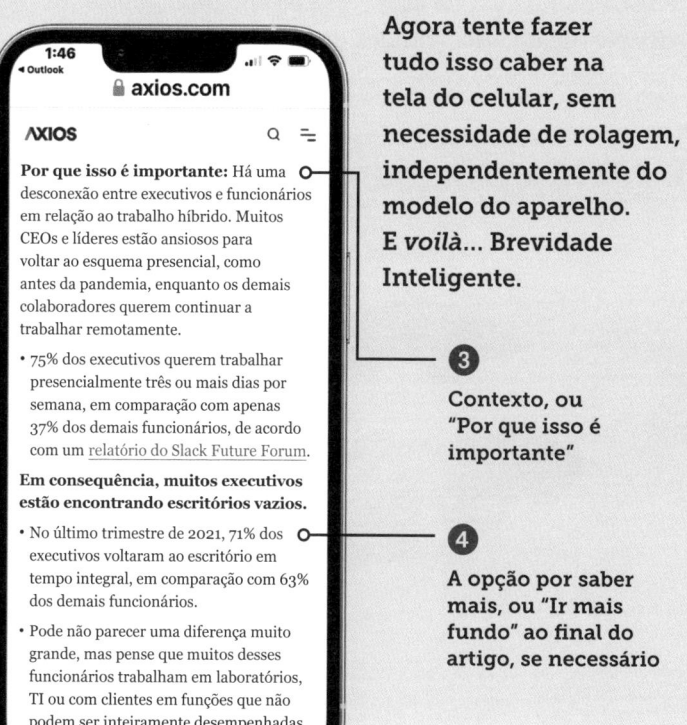

Agora tente fazer tudo isso caber na tela do celular, sem necessidade de rolagem, independentemente do modelo do aparelho. E *voilà*... Brevidade Inteligente.

❸
Contexto, ou "Por que isso é importante"

❹
A opção por saber mais, ou "Ir mais fundo" ao final do artigo, se necessário

Explicando a Brevidade Inteligente

Reunimos tudo o que aprendemos após escrever centenas de milhares de matérias e criamos uma ferramenta que emprega inteligência artificial para ajudar as pessoas a se comunicarem de forma breve e eficaz.

- Essa tecnologia se chama Axios HQ. Ela ajuda a ensinar as técnicas de Brevidade Inteligente a qualquer um que queira escrever e se comunicar melhor.

- Ela contribuiu para transformar a forma como centenas de organizações, empresas, políticos e profissionais liberais se conectam com funcionários, eleitores, compradores, clientes, etc. Essas pessoas e instituições costumam observar duas ou três vezes mais engajamento quando usam essa ferramenta. Vamos compartilhar vários estudos de caso ao longo do livro para ajudar você a colocar isso em ação.

SMART JAZZ

Neste livro, você vai notar alguns desvios da fórmula Brevidade Inteligente.

POR QUE ISSO É IMPORTANTE: Ela é um fio condutor, não uma regra talhada na pedra.

Se você adotar essa técnica, suas comunicações se tornarão instantaneamente mais memoráveis e poderosas. Mas seu objetivo é informar, cativar, motivar um determinado público. Assim como uma conversa nem sempre segue o mesmo roteiro, às vezes você pode acrescentar uma frase instigante antes de ir direto ao ponto – o "Por que isso é importante".

- O padrão-ouro é sempre buscar o que é melhor para o público – a estrutura mais clara e eficiente para um leitor cuja atenção está sendo disputada por um milhão de estímulos.

🎷 **MORAL DA HISTÓRIA:** A Brevidade Inteligente é como a teoria musical – proporciona lógica e elegância. Mas essa arquitetura magnífica deixa espaço para... o improviso do jazz. 🎷

A BUSCA DA CONCISÃO PELA CIA

A CIA tinha um problema.

Os analistas da agência tinham acesso a algumas das informações mais interessantes do mundo. Mas muitos estavam escondendo os fatos ou as ameaças mais importantes em um nevoeiro de palavras.

Isso foi durante o governo Trump, e a agência sabia que seu "principal cliente" tinha a capacidade de concentração de um inseto.

Para uma agência secreta, a CIA tem muitos redatores, o suficiente para encher um teatro, justamente onde Mike foi parar em 2019. Ele fora convidado a falar àquele público sobre seus truques preferidos para extrair o que é de fato interessante em uma montanha de dados.

- A dica dele, que sempre funciona: pergunte àqueles que geraram os dados o que há de mais interessante neles. Eles sabem – e vão dizer.
- Mas, se você pedir a eles que escrevam um relatório sobre isso, eles vão se perder e deixar o principal de fora.

A CIA produz a newsletter mais importante do país – o President's Daily Brief (PDB), uma síntese do briefing diário de inteligência do Salão Oval. Philip Dufresne, ex-redator do PDB que agora trabalha para nós na Axios, reescreveria um hipotético memorando da CIA da seguinte forma:

ANTES	DEPOIS
Eis como a CIA pode escrever um alerta sobre o Afeganistão:	**Eis a versão Brevidade Inteligente do mesmo alerta:**

ANTES

Força de Segurança Nacional do Afeganistão (FNSA) à beira do colapso, nível de ameaça elevado

O governo afegão e as autoridades de segurança discutem planos de evacuação, de acordo com [informações sigilosas de inteligência], indicando que a maior parte da FNSA na região não está planejando nenhum tipo de resistência organizada à ofensiva que se aproxima. Espera-se um aumento na atividade e na violência.

O Talibã tomou mais três capitais provinciais durante a noite e montou bloqueios nas estradas em todos os acessos a Cabul. Agora ameaça assumir o controle da capital em poucos dias, aumentando o nível de risco, relatam nossas fontes na região. Trata-se de informação altamente confiável.

DEPOIS

ATENÇÃO: 🚨 LEVANTE DO TALIBÃ

Militantes do Talibã estavam contidos, mas nossas fontes em Cabul detectam um movimento de tropas e munição, indicando que as tensões logo se transformarão em violência.

POR QUE ISSO É IMPORTANTE: Cidadãos americanos em Cabul precisam se manter em alerta, e os militares afegãos treinados pelos EUA precisam estar prontos para interromper os exercícios e dar início ao combate. Nível de ameaça: crescente.

Explicando a Brevidade Inteligente

EXEMPLO Nº 1

PROVOCAÇÃO

ANTES	DEPOIS
Ei, temos novos planos para o fim de semana, precisamos falar, ref. festa de aniversário	🎉 Novo plano: parque de diversões

PRIMEIRA FRASE OU LIDE

ANTES	DEPOIS
Peço desculpas pela mudança de planos em cima da hora, mas está muito confuso organizar a festa do Jimmy, principalmente por causa do mau tempo na semana passada. A boa notícia é que encontramos um lugar para levar todas as crianças, aquele novo parque de diversões. É ótimo, seguro, e fica a cerca de 40 minutos de distância. A festa será no próximo sábado ao meio-dia.	Estamos mudando a festa do Jimmy para o novo parque de diversões, a 40 minutos de distância, sábado ao meio-dia.

POR QUE ISSO É IMPORTANTE

ANTES	DEPOIS
A única dificuldade é que é um pouco mais longe do que tínhamos pensado anteriormente. O primeiro local que cogitamos fica a 30 minutos de viagem, mas o parque de diversões tem mais espaço, por isso fechamos com ele. Estamos avisando para que se planejem.	Fica a 40 minutos de viagem, então talvez seja preciso sair um pouco mais cedo de casa.

PARA IR MAIS FUNDO

ANTES	DEPOIS
O local fica na Wilson Street, 1.100, perto daquele restaurante japonês que tinha aquele sushi de siri mole incrível. (Risos.) Começa ao meio-dia e termina às 16h. Sinta-se à vontade para ficar ou não, porque temos recreadores e vamos servir almoço e bebidas. Vou ficar e tentar ler enquanto as crianças brincam – elas devem vir com roupas adequadas! Bermuda e camiseta, ah, e é obrigatório usar meias. Até breve, e mais uma vez me desculpe.	• Começa ao meio-dia, na Wilson Street 1.100. • Haverá pizza e bebidas. • Busque as crianças às 16h. • Crianças devem vir com roupas para brincar. Meias OBRIGATÓRIAS.

Explicando a Brevidade Inteligente

> **EXEMPLO Nº 2**

PROVOCAÇÃO

ANTES	DEPOIS
Temos uma notícia importante do nosso departamento de RH sobre licenças para funcionários	Importante: nova licença maternidade/paternidade

PRIMEIRA FRASE OU LIDE

ANTES	DEPOIS
Vimos discutindo uma nova política de licença remunerada para todos os novos pais e mães depois que vários de vocês nos pediram que revíssemos a expansão de nossa política atual de modo a atender melhor às suas necessidades e ao que os concorrentes oferecem. A equipe de RH mergulhou no assunto e analisou várias opções até encontrar o que seria melhor para vocês e para a empresa. Como resultado, a partir de 1º de janeiro de 2022 passaremos a oferecer 16 semanas de licença, em vez de 12, para cuidadores primários e secundários.	Vamos aumentar a licença maternidade/paternidade para 16 semanas para TODOS os pais e mães, a partir de 1º de janeiro.

POR QUE ISSO É IMPORTANTE

ANTES	DEPOIS
Todos nós estamos cientes do estresse e da tensão dos novos provedores, seja você o cuidador principal ou secundário. Por isso queremos oferecer benefícios que permitam que você dê o melhor de si para a empresa todos os dias, mas que também tenha espaço para gerenciar e aproveitar essa fase tão especial. O departamento de RH, incluindo nossa operação de gestão de talentos, se preocupa profundamente com a experiência dos funcionários.	A licença expandida dá aos novos pais e mães tempo para aproveitar seus recém-nascidos e retornar ao trabalho 4 meses depois.

PARA IR MAIS FUNDO

ANTES	DEPOIS
A equipe do RH enviará um documento mais completo com todos os detalhes. De modo geral, oferece o mesmo benefício para cuidadores secundários ou primários. O documento também estará na intranet da empresa. Abordará como a mudança se aplica a seu cargo e seu salário, e vai detalhar como e quando tratar com seu gerente para que suas tarefas sejam realizadas durante o referido período de licença.	• O funcionário receberá o salário integral. • Todos os funcionários, independentemente da data de entrada na empresa, são elegíveis. • Informações completas serão enviadas por e-mail e também estarão na intranet.

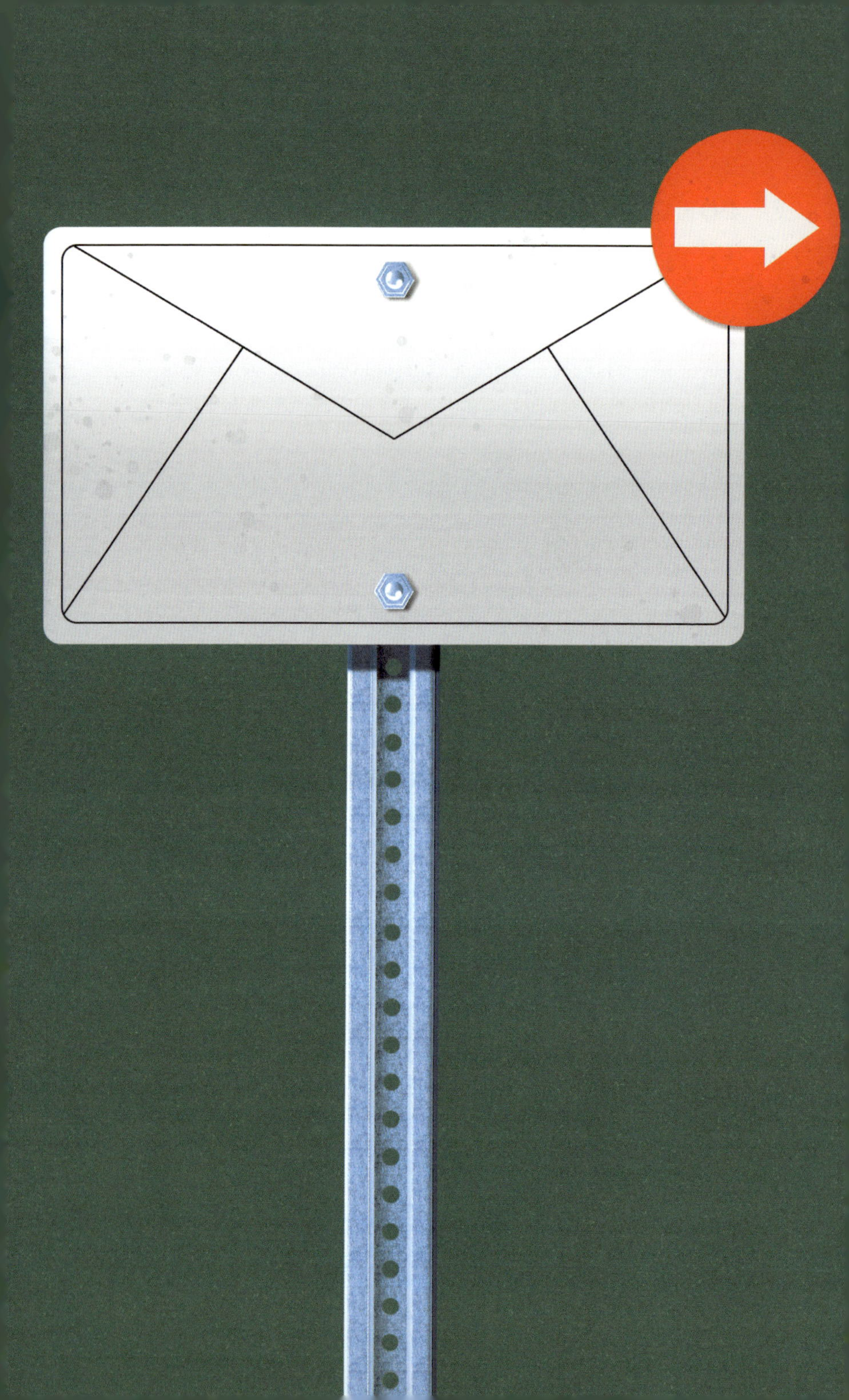

3

O caminho para a Brevidade Inteligente

CONTADOR BREVIDADE
INTELIGENTE

| 1350 PALAVRAS | 5 MINUTOS |

O caminho para a Brevidade Inteligente

Confissão: No começo, nós três éramos péssimos em nosso próprio método.

POR QUE ISSO É IMPORTANTE: Tivemos dificuldade com a simplicidade e a concisão, assim como você. Mas nossa jornada ilustra a necessidade urgente delas – e as possibilidades de sucesso quando você reinventa seu jeito de falar, escrever, trabalhar e pensar.

FATO CURIOSO: Jornalistas são os maiores detratores da concisão. Medimos explicitamente nosso valor pelo tamanho dos nossos textos e pelo número de matérias que assinamos. Quanto mais, melhor.

Mike e Jim ganharam destaque ao cobrir a Casa Branca para o *The Washington Post*, o *The Wall Street Journal* e a *Time*, escrevendo centenas de milhares de palavras. Entrevistamos presidentes, voamos no avião presidencial, tagarelamos na TV.

- Nós nos gabávamos quando nossos chefes encontravam um tema que valia *tanto* a pena que poderíamos escrever milhares de palavras sobre ele. Nunca paramos para perguntar a nós mesmos: Será que alguém lê isso? Será que alguém *deveria* ler?

Então a internet chegou. Minha nossa – que terremoto! A internet oferecia algo que os jornais nunca tiveram: dados precisos sobre quem estava lendo o quê. Os dados têm um jeito engraçado de nos enquadrar. Ficamos nus, inteiramente expostos à verdade: quase ninguém lia *a maior parte* das nossas palavras. Preenchíamos os buracos nos jornais, mas eram buracos negros, que sugavam nosso tempo e nossa energia. Também é assim com você.

O CASO DO FIRST WORD

Nicholas Johnston comandava o próprio experimento de concisão na Bloomberg, na sucursal em Washington do First Word, um serviço de notícias-relâmpago. Ele fornecia aos investidores de Wall Street e aos poderosos de Washington notícias curtas com alta densidade de informações dispostas em tópicos, além de análise e contexto instantâneos.

- O serviço era extremamente popular em Nova York e Washington entre leitores que pagavam caro. Eles queriam saber apenas o indispensável, sem a enrolação e os bastidores que entulhavam as notícias habituais.
- Nick gostava de contar a história da orientação (supostamente apócrifa) que deu a um de seus repórteres quando o senador Harry Reid, antigo líder do Partido Democrata, anunciou sua aposentadoria. "Não me interessa qual será a quinta palavra da matéria", disse ele, "desde que as quatro primeiras sejam 'Reid não tentará reeleição'."

A ideia era que os leitores da Bloomberg, ocupados e já expostos a muita informação, não precisavam saber onde Reid tinha nascido, quais projetos de lei havia defendido nem que ele tinha sido policial no Capitólio enquanto estudava Direito. Eles provavelmente já tinham ouvido tudo aquilo do próprio Reid. Só precisavam saber que ele ia se aposentar – e quem iria sucedê-lo, que poderia ser a sexta palavra.

Nick saiu da Bloomberg para dirigir nossa redação. Logo se tornou nosso guru, rabiscando nas paredes frases de impacto, como "Tenha a coragem de tirar as mãos do teclado" e "Excesso de texto deixa os olhos tristes".

O caminho para a Brevidade Inteligente

- A maioria das pessoas lê nossas manchetes e algumas leem nossos primeiros parágrafos. Mas, muitas vezes, apenas amigos e familiares leem tudo. Imagine ser um cantor de sucesso e um dia descobrir que ninguém ouve suas músicas.

Roy estava fazendo algo semelhante no mundo da consultoria. Ele ajudava a criar extensos PowerPoints e relatórios de estratégia que pouca gente lia. Durante o MBA, Roy perguntou a si mesmo por que ninguém havia lhe ensinado a se comunicar ou a escrever de modo a poupar o tempo das pessoas. Mas, quando sua carreira decolou, ele simplesmente fez o que todo mundo fazia. Somos todos imitadores.

PANORAMA GERAL: A internet abriu um mundo de possibilidades, mudando tudo muito mais rápido do que éramos capazes de acompanhar.

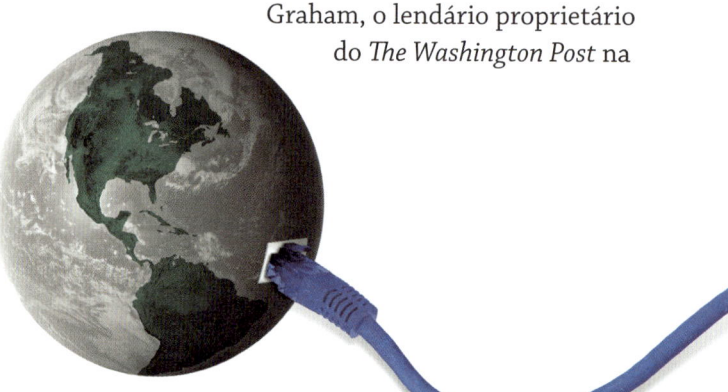

- Por causa da internet, Mike e Jim deixaram a *Time* e o *The Washington Post*, respectivamente, para fundar a startup Politico. Jim ainda se lembra do dia em que Don Graham, o lendário proprietário do *The Washington Post* na época, puxou-o para dentro de seu escritório e o advertiu em sua voz *staccato*: "Você está cometendo um erro ca-tas-tró-fi-co." Nós discordávamos. Não precisávamos de jornal impresso nem de uma grande instituição por trás para exagerar nas palavras. Podíamos fazer isso por conta própria.

- Desenvolvemos uma grande startup de jornalismo digital – um novo experimento para produzir ainda mais palavras. A esposa de Jim deu o nome perfeito: *Politico*. Juntamos a internet com a TV a cabo e o apetite insaciável do público por política, e estava feito.

- Segundo a maioria dos indicadores, foi um grande sucesso. Promovemos debates presidenciais, contratamos centenas de funcionários e mudamos a forma como as pessoas leem e pensam sobre política. Roy, que estava na Gallup, a empresa global de pesquisa e consultoria, juntou-se a nós para transformar nossa pequena banda de garagem em um negócio de verdade.

Então aconteceu algo extraordinário. Esse algo fez de nós adeptos tão fervorosos da concisão que fechamos a empresa que havíamos fundado para criar uma nova, a Axios.

- Mike e Jim estavam trabalhando na startup Politico, produzindo colunas de 1.600 palavras que analisavam as notícias da TV e das redes sociais. Algumas foram "lidas" por quase um milhão de pessoas.

- Estávamos tranquilos e profundamente satisfeitos – até que os dados nos mostraram a realidade.

O caminho para a Brevidade Inteligente

- Isso foi no tempo em que era preciso clicar em um numerozinho na parte inferior da tela para ir para a página seguinte. Acontece que cerca de 80% das pessoas paravam de ler na primeira página, o que significa que consumiam, no máximo, 490 das nossas tão queridas palavras. E eram assuntos amplamente debatidos na política e na imprensa.

- Ligamos para outras publicações e plataformas, como Facebook, para saber se o índice de leitura era o mesmo. Era. Descobrimos que a maioria das pessoas – leitores informais, políticos e CEOs – lê apenas a manchete e alguns parágrafos da maioria das matérias.

Nessa época, nós três lutamos e vencemos uma batalha interna para criar o Politico Pro, um serviço por assinatura que cobrava dezenas de milhares de dólares de empresas e lobistas para noticiar assuntos nichados, como agricultura ou políticas de saúde.

- Começamos a produzir muitas matérias extensas e também pequenas pílulas de informação, muitas vezes de apenas 200 palavras, em newsletters ou boletins. Empresas da Fortune 500 pagavam bem, e de bom grado, por esse serviço. O negócio estava prosperando.

- Alguns anos depois, fizemos uma pesquisa entre os leitores, alguns dos quais desembolsavam mais de 100 mil dólares por ano pelo serviço. Perguntamos o que era mais valioso para eles, que precisavam de aprofundamento e detalhes para fazer seu trabalho. Cerca de *apenas 5%* desses leitores disseram que prefeririam as matérias mais compridas.

PANORAMA AINDA MAIS GERAL: Esse foi o nosso momento eureca, aquele "Nossa vida nunca mais será a mesma". Mesmo os leitores mais exigentes e meticulosos do mundo clamavam por menos palavras. Lição: ouça os clientes e os dados, não a voz dentro da sua cabeça.

Fechamos a Politico e lançamos a Axios em 2017, com base no conceito de concisão.

- Estudamos o Twitter, o *The New York Times*, a literatura acadêmica sobre tempo de tela e intervalos de atenção. Então refletimos: se fôssemos montar uma empresa de mídia com base no que os consumidores querem, não no que os jornalistas ou os vendedores de anúncios desejam, como seria?

- A resposta era óbvia: torne as notícias e as informações não apenas inteligentes, mas o mais limpas e diretas possível. Livre-se de ruídos desnecessários – vídeos de reprodução automática, anúncios pop-up, palavras supérfluas – e escreva da forma que nosso cérebro quer consumir. E projete tudo isso para ser lido na tela de um smartphone.

- Traríamos as novidades, explicaríamos "Por que isso é importante", e daríamos aos leitores o poder de "Ir mais fundo" se quisessem. Caso optassem por ler apenas 200 palavras, faríamos dessas 200 palavras as mais poderosas e úteis que eles jamais leram.

Nós nos comprometemos a parar de desperdiçar o tempo das pessoas. A libertá-las da tirania do excesso de palavras e de distrações. A abrir os olhos de todos para o conceito de que menos é mais, e que curto não é sinônimo de raso.

Assim nasceu a Brevidade Inteligente.

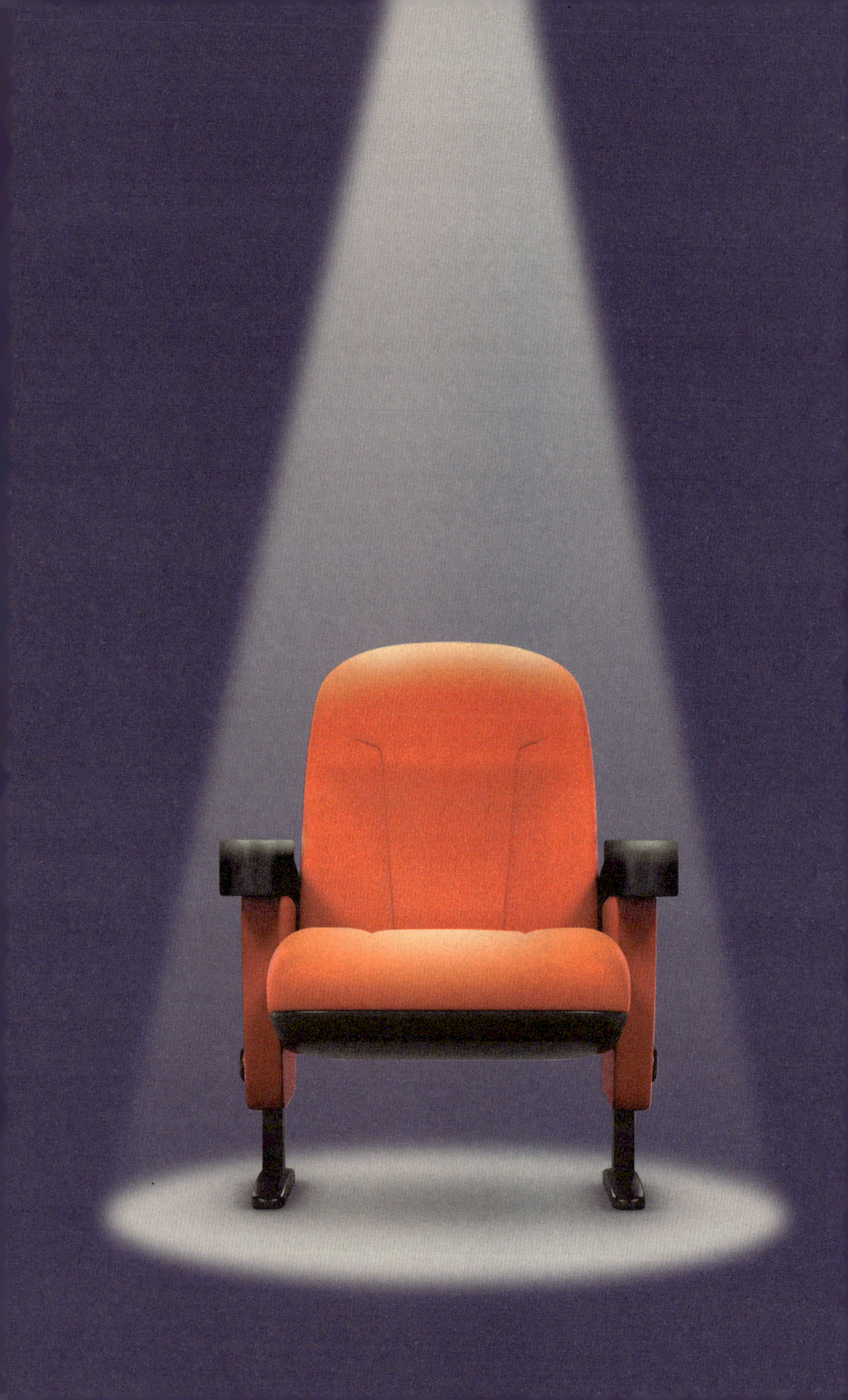

4

O público em primeiro lugar

CONTADOR BREVIDADE INTELIGENTE

| 1900 PALAVRAS | 7 MINUTOS |

O público em primeiro lugar

As palavras iniciais do nosso manifesto são as mais importantes e também podem ajudar você: o público vem em primeiro lugar.

POR QUE ISSO É IMPORTANTE: Se você pensar em servir ao seu público em primeiro lugar – colegas, alunos, clientes, amigos –, não ao seu ego, naturalmente vai reduzir o desperdício de palavras.

- Pode parecer simples, mas é onde a maioria das pessoas sai dos trilhos. Tendemos a pensar muito sobre o que queremos dizer e pouco sobre o que os outros precisam ouvir.

O SANTO PADRE CONCORDA: Em setembro de 2021, o papa Francisco pediu aos padres católicos na Eslováquia que reduzissem as homilias de 40 para 10 minutos para evitar que as pessoas perdessem o interesse. "Foram as freiras as que mais aplaudiram a ideia, porque são as vítimas dos nossos sermões", brincou.

- O papa fez o que você deveria fazer: começar qualquer comunicação pensando primeiro no seu público específico e naquilo que ele quer ou de que precisa.

Imagine a pessoa com quem você está tentando se comunicar. É fácil se for uma única pessoa, mas, se for um grupo, concentre-se em um indivíduo específico, um nome, um rosto, um cargo.

- Faça sempre isso antes de começar a falar ou escrever. Se você tentar atingir todo mundo, provavelmente não vai atingir ninguém. **Definir a pessoa que você quer alcançar** dá mais nitidez à comunicação.

UMA COISA CERTA DE CADA VEZ

No final de 2015, nós três estávamos em uma batalha secreta e amarga para deixar a Politico – nosso bebê, nossa primeira startup. Robert Allbritton, o novo proprietário, estava nos atormentando. Queríamos revidar com força.

Jim estava sentado no banco da igreja enquanto o pastor David Glade falava sobre como é difícil ser bom. Ele contou que, diante do caos e dos desafios da vida, seus filhos sempre lhe perguntavam como uma pessoa consegue escolher fazer a coisa certa em cada situação.

- O pastor Glade queria reduzir essa grande questão existencial a algo mais digerível. Ele ofereceu a seus filhos 12 palavras de sabedoria que acabaram moldando a forma como vivemos hoje: "Tudo que você pode fazer é uma coisa certa de cada vez."

Pense em como essa frase é simples, direta e memorável. O pastor Glade poderia ter tagarelado, citado a Bíblia, feito poesia em hebraico ou despejado toda a sabedoria de C. S. Lewis, ou até tê-la aprimorado.

- O pastor Glade acertou em cheio a lição mais importante da comunicação moderna: o curto, o inteligente, o simples e o direto abrem caminho e permanecem.

- Em uma carta para sua congregação em outubro de 2021, Glade citou *The Elements of Style*, de William Strunk: "A escrita vigorosa é concisa. Uma frase não deve conter palavras desnecessárias, um parágrafo não deve conter frases desnecessárias, pela mesma razão que um desenho não deve ter linhas desnecessárias e uma máquina não deve ter peças desnecessárias."

O público em primeiro lugar

É o oposto do que vemos na TV, onde os canais muitas vezes tentam atingir o público mais amplo possível mirando no telespectador menos informado. Com isso, simplificam o conteúdo e entopem o telespectador de generalidades.

- Não faça isso. Pelo contrário, imagine uma pessoa inteligente, ocupada e curiosa no centro do grande círculo em que você está mirando. Uma pessoa de verdade com um trabalho de verdade e necessidades reais. Essa pessoa deve ser alguém interessado no seu assunto e com probabilidade de se engajar.
- O que você oferecer vai ajudar a distinguir entre o que essa pessoa já sabe e o que pode ser novo, revelador e empolgante. Também vai definir sua voz e seus dados, bem como sua forma de explicar a ela por que o seu conteúdo é importante.
- Sua mensagem vai ecoar quando os leitores perceberem e apreciarem o respeito demonstrado pelo tempo e pela inteligência deles.

A segunda etapa da Brevidade Inteligente, igualmente importante, é adaptar sua mensagem ao leitor-alvo. Você só vai dominar essa técnica quando souber o que deseja que a pessoa lembre, especificamente – e encontrar uma forma breve, vívida e memorável de expressar isso.

- Faça um teste: peça a um amigo que leia algo que você acabou de escrever ou leia alguns parágrafos para ele. Em seguida, peça que ele resuma *a grande ideia* que você estava tentando transmitir. Requer humildade, mas é *muito* útil.
- Assim você vai descobrir que a maneira mais fácil de transmitir o que está tentando dizer é... apenas dizer.

Então pare. Seu amigo será capaz de articular seu ponto-chave quase que literalmente.

Poderíamos terminar todos os capítulos deste livro com "Então pare!". Escondemos nossas ideias sob um monte de palavras desnecessárias. Levamos as pessoas a deduzir o que estamos tentando dizer em vez de apenas dizer. Não seja extravagante – seja eficaz.

POR QUE ISSO É IMPORTANTE: Você será um comunicador muito melhor quando aprender a lapidar seus pensamentos e suas ideias, a expressá-los com impacto e parar de desperdiçar palavras e tempo.

- Tendemos a nos comunicar de modo egoísta. Quando nos sentamos para escrever, levantamos para falar em público ou apertamos o botão para fazer uma gravação, pensamos no que queremos dizer, não no que os outros desejariam e deveriam ouvir. Inverta esse raciocínio.

Veja este pedido de desculpas:

- "Sinto muito por ter dito aquilo, mas veja o que eu estava pensando... e o que você fez antes me magoou e me obrigou a dizer essas coisas desagradáveis..."
- Melhor: "Sinto muito pelo que eu falei."

Viu como um pedido de desculpas claro se perde em meio a palavras desnecessárias?

- Covardes se escondem atrás de palavras.

Leve isso para o trabalho ou para a sala de aula. A ocasião em que mais disfarçamos, distorcemos e desviamos nossos verdadeiros sentimentos é quando damos e recebemos

O público em primeiro lugar

feedback. Poucas pessoas têm confiança suficiente para ser diretas. Nossa tendência é fazer rodeios diante de conversas difíceis mas necessárias.

- "Você faz tantas coisas tão bem e eu sei que tenho meus defeitos, e a vida é difícil e imprevisível, mas eu preciso de verdade que você se empenhe um pouco mais nos projetos. Se continuar tendo problemas de dedicação, vou ter que considerar um plano de desempenho."
- Melhor: "Há um ponto que você precisa melhorar com urgência: se dedicar mais às suas tarefas principais."

Às vezes precisamos mudar um plano. Pense em todas as palavras e no tempo que você perde despejando todos os seus pensamentos e se explicando demais.

- "Ei, Nancy, peço desculpas pela mudança de planos – a vida está uma loucura com esse caminhão de trabalho e o vírus se espalhando –, mas preciso transferir o almoço para aquela confeitaria bacana lá na esquina. Por minha conta, já que estou sempre mudando de planos, principalmente nesses dias, que têm sido enlouquecedores."
- Melhor: "Precisamos transferir o almoço para a confeitaria da esquina. Por minha conta."

E isto aqui, que deveria ser uma simples atualização de trabalho:

- "John, depois de muitas reuniões e deliberações intermináveis, decidimos restringir as reuniões de segunda-feira ao núcleo principal de gerentes. Você sabe que isso tem sido uma fonte de grande frustração para muita gente, principalmente com o grupo crescendo tão rápido."

Por que não ir direto ao ponto?

- Melhor: INFORME: As reuniões de segunda-feira serão restritas ao núcleo principal de gerentes.

APENAS DIGA

Lisa Osborne Ross – esposa, mãe, CEO e mentora de CEOs em todo o mundo – tem um conselho: apenas diga o que você quer dizer, com sinceridade e concisão.

POR QUE ISSO É IMPORTANTE: "Disfarçamos nossa insegurança com palavras em excesso", diz Ross. "Sua mensagem se perde, sua sinceridade é questionada – e eu fico em dúvida sobre a sua competência quando usa tantas palavras desnecessárias."

- Ross comanda um escritório internacional de relações públicas que usa o Axios HQ e a Brevidade Inteligente para manter toda a empresa informada sobre estratégia e planejamento. É a principal forma de atualizar funcionários. Ross é obcecada por aplicar os princípios que eliminam o jargão corporativo das comunicações tradicionais.

Ela cita o exemplo de um CEO que, diante do lockdown devido à covid-19, poderia simplesmente dizer: "Voltaremos ao trabalho quando as pessoas se sentirem seguras."

Então o jurídico se intromete. Os especialistas em comunicação intervêm. De repente, o CEO começa a gaguejar um pronunciamento que soa como uma farsa corporativa.

Ross aconselharia seu cliente: "Apenas diga o que tem a dizer."

Ela explica que as pessoas "perdem tempo endireitando, enquadrando, conceituando – em vez de apenas dizer o que querem dizer".

As orientações de Ross podem ajudar você a se tornar um melhor comunicador ou líder, independentemente do seu cargo ou do setor em que atua. "As pessoas querem uma comunicação direta, clara e honesta. Se você tentar me enrolar ou me enganar, eu caio fora."

Para ela, o saldo positivo da pandemia – desconsiderando as mortes e os empregos perdidos, obviamente – foi que as pessoas passaram a dar mais valor ao seu tempo. "Temos que ser mais eficientes porque agora o trabalho e a vida se misturaram. E se você não me engajar, vai perder minha atenção."

MORAL DA HISTÓRIA: Ross afirma que as "freiras feministas" que foram suas professoras tinham razão: "Apenas seja você mesma", elas diziam. E não se esconda atrás de uma enxurrada de palavras.

DICAS & TRUQUES

❶ Concentre-se em UMA pessoa com quem quer se comunicar.

❷ Determine UMA coisa que você quer que ela memorize.

Quando Mike era novato no jornalismo, um repórter experiente, Michael Hardy, costumava criticar o trabalho da concorrência dizendo: "Primeiro pense, depois escreva!"

- **Michael estava sendo sarcástico, mas é um bom conselho. (A propósito, também funciona na hora de falar.)**
- **Se você não tem certeza do que quer comunicar, a chance de o destinatário entender é zero.**

❸ Escreva como um ser humano, para seres humanos.

Seja simples, claro, direto. Seja fluente. Autenticidade e familiaridade são ingredientes essenciais. Ajudam as pessoas a se abrir para ouvir e memorizar o que você disse.

- **Para Mike, sua newsletter, a *Axios AM*, é como uma conversa matinal com um amigo inteligente e curioso.**
- **Quando estamos frente a frente, recebemos pistas não verbais que nos impedem de ser chatos. Inconscientemente, pensamos: "Quero que você goste de mim." Por isso não somos repetitivos. Não usamos palavras complicadas. Não contamos às pessoas o que elas já sabem. Não explicamos o óbvio.**
- **No entanto, quando estamos diante do teclado, fazemos todas essas coisas.**

EIS O TRUQUE: Converse com alguém (ou com você mesmo – ninguém vai ficar sabendo) sobre o assunto que você quer apresentar.

- Esse assunto vai ficar mais claro, mais interessante e mais atraente do que qualquer coisa em que pensaria caso se sentasse para "escrever".

❹ **Em seguida, escreva.**

Escreva aquela *única* coisa que você deseja que o leitor, espectador ou ouvinte memorize. Escreva isso antes de qualquer outro ponto.

- **Em seguida, tente encurtar a mensagem para menos de uma dúzia de palavras – menos é mais. Deve ser uma frase afirmativa ou uma informação, não uma pergunta. Certifique-se de que essas palavras transmitam uma novidade ou uma informação essencial. Dispense as palavras fracas e exclua verbos ou adjetivos supérfluos.**

❺ **Então pare.**

Se não sabemos *de fato* o que queremos dizer – ou, o mais provável, se não entendemos de verdade sobre o que estamos escrevendo –, disfarçamos falando demais.

- **Fazemos a mesma coisa quando terminamos um relacionamento, pedimos aumento, confessamos um erro. Não paramos de falar. É da natureza humana. E isso acaba com os relacionamentos – e com a comunicação. Então pare.**

Parte 2

Como fazer

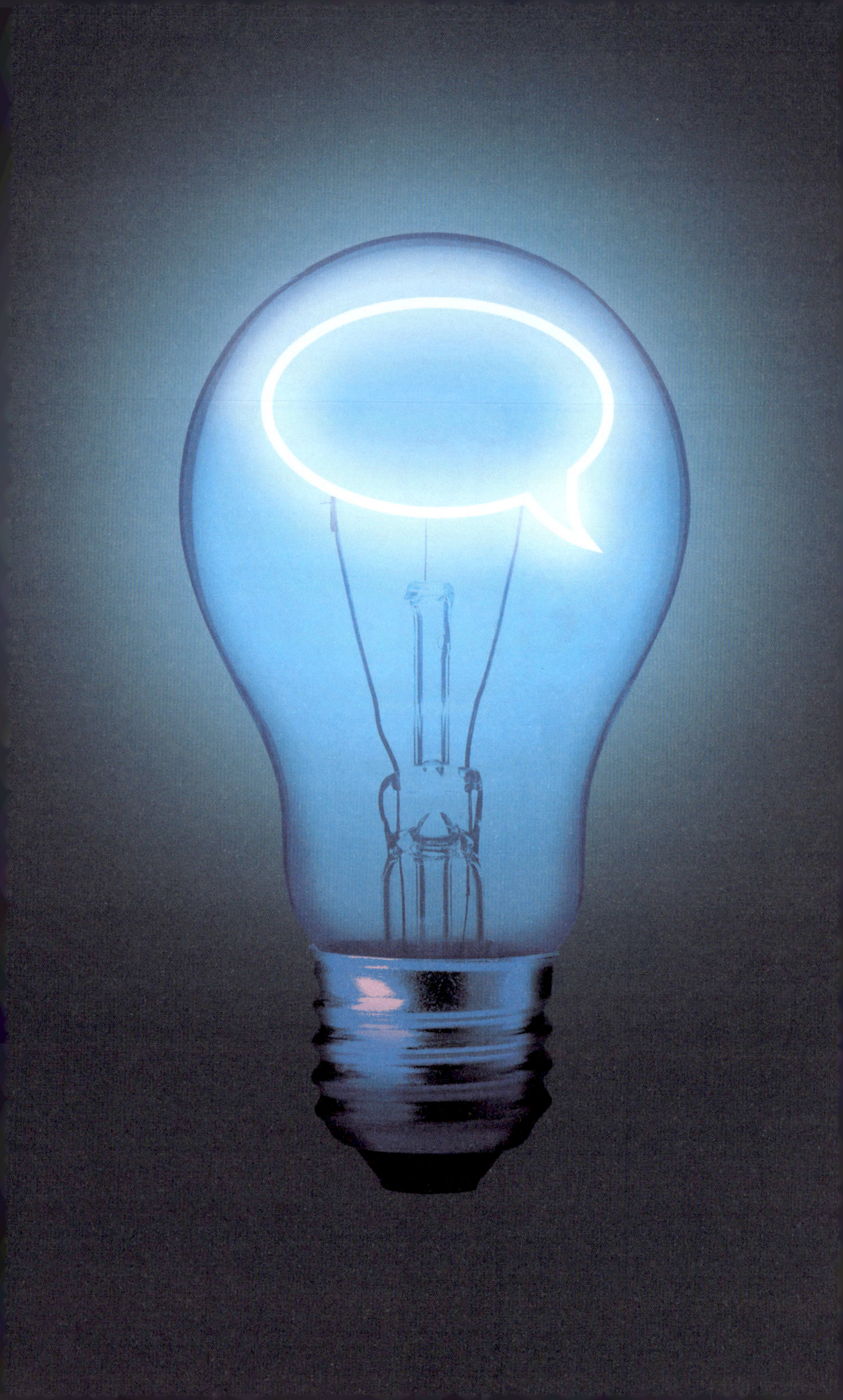

5

Agregue valor

CONTADOR BREVIDADE INTELIGENTE

| 1250 PALAVRAS | 5 MINUTOS |

Agregue valor

Ronald Yaros, professor da Universidade de Maryland, usa estudos de rastreamento ocular para registrar o que *de fato* lemos. Ele descobriu que quase sempre a maioria das pessoas simplesmente passa os olhos na maior parte do conteúdo.

POR QUE ISSO É IMPORTANTE: Yaros conduz esses estudos há anos e assegura que, em média, uma pessoa se detém por apenas 26 segundos em uma matéria ou informe. Ele chama isso de "tempo de texto". Há algo escrito depois disso? *Em geral é desperdício.*

- Sim, é assustador – mas também libertador. Isso nos liberta para ir direto ao ponto – ou aos pontos – e elimina as informações inúteis.

Sabíamos que estávamos no caminho certo quando os leitores começaram a nos contar como nosso estilo estava poupando o tempo deles e aumentando sua compreensão de temas complexos. Fizemos um esforço insano para eliminar as distrações e os ruídos encontrados em outros sites. Optamos por escrever textos essenciais e curtos.

- Éramos jornalistas havia anos e não nos lembrávamos de ter ouvido um único agradecimento, nem esperávamos isso. Em geral, recebíamos apenas mensagens de ódio – o preço de escrever sobre política.

SEM ENROLAÇÃO

Megan Green, corretora de imóveis em Fort Lauderdale, Flórida, diz que esse estilo de comunicação breve e direta reduz mal-entendidos, dúvidas e o blá-blá-blá quando está lidando com compradores e vendedores, já que as pessoas costumam ficar muito agitadas durante uma negociação.

POR QUE ISSO É IMPORTANTE: Quando você está vendendo, o sucesso depende da eficiência.

Megan diz:

- "Atenha-se aos fatos. Seja educado. O processo parece avassalador para as pessoas. Eu faço tudo por escrito – e-mail ou mensagem de texto."

- "Não perco tempo dizendo: 'Oi, espero que você esteja tendo um bom dia.' Vou direto ao ponto. É assim que você consegue o que quer. Sem enrolação."

- "Quando alguém me faz perguntas por e-mail, copio e colo o que foi perguntado e respondo abaixo em roxo ou em negrito."

MORAL DA HISTÓRIA: Enrolar custa caro.

Agregue valor

NOSSA LIÇÃO: Em um mundo cheio de ruído, as pessoas retribuem se você respeita o tempo e a inteligência delas. Essa é uma verdade universal. O oposto também é verdadeiro: elas vão achá-lo irritante se você desperdiça o tempo delas.

Jornalistas costumam ser os piores nisso. Às vezes você percorre quatro parágrafos até encontrar um único, lá no fim, que merecia ser lido. Mas não estamos sós.

- Por que você precisa virar 20 páginas antes de o livro começar pra valer?
- Ou assistir a um anúncio inútil de 30 segundos antes de chegar a um vídeo?
- Ou ler uma introdução, apresentação ou resumo de qualquer coisa, quando você só quer uma ou duas informações?

O professor Yaros nos deu uma prévia de algumas de suas pesquisas mais recentes sobre o que ele chama de "modelo de engajamento digital", que visa prever como e por que os usuários se engajam com diferentes tipos de informação.

- A conclusão: *eles não se engajam*.

A maioria dos leitores vive em um estado que a consultora Linda Stone chama de "atenção parcial contínua".

- Como diz um estudo de Yaros: "Isso NÃO é ser multitarefa; é apenas o usuário pensando constantemente no próximo alerta, mensagem de texto ou e-mail."

- *Isto* é impressionante: mesmo quando estão olhando para as palavras que você escreveu, muitos leitores não estão prestando atenção.

E mesmo que um leitor *queira saber*, talvez você não prenda a atenção dele. "O tempo pode limitar o engajamento mesmo se nos interessamos pelo conteúdo", escreve Yaros.

- O professor adverte os jornalistas sobre as "bolas fora" – qualquer coisa que os leve a perder leitores.
- Os quatro principais culpados: Excesso de texto. Excesso de jargão. Excesso de opções. Vídeo longo.
- O que eles têm em comum? Ignoram que *menos* é mais.

Yaros descobriu que esses conceitos se aplicam universalmente, da comunicação escrita aos vídeos on-line e até aos videogames. Consumimos todo tipo de conteúdo digital em rajadas curtas e rapidamente passamos para a próxima.

ENCURTAR OU MORRER

Chris Sacca – um investidor de capital de risco que tem 1,6 milhão de seguidores no Twitter e diz ter investido em "incontáveis" startups – dá este conselho sobre a vida real:
"Escreva seu e-mail ou carta de trabalho. Quando tiver terminado, volte ao começo e resuma nas primeiras duas ou três frases tudo o que você escreveu depois delas. Muitas vezes, é a única parte da mensagem que será lida."

DICAS & TRUQUES

❶ **Liste os pontos mais importantes que você *precisa* apresentar.**

Escreva-os em ordem de importância. O primeiro é o que tem mais chance de ser lembrado.

- **Usamos uma dica de um executivo do BJ's Wholesale Club que Mike ouviu em uma palestra – e você também deveria usar.**

    Mike achava que conhecia todos os segredos sobre falar em público, mas, enquanto esperava sua vez de subir ao palco depois do executivo do BJ's, ele o ouviu começar e terminar sua fala com estas palavras: "Se for para vocês se lembraram de apenas *uma* coisa desta palestra…" É uma ótima forma de sinalizar inequivocamente o que é mais importante e o que você deseja que as pessoas levem com elas.

❷ **Se possível, reduza sua lista de pontos importantes a um ou dois.**

Caso contrário, escreva-os em tópicos, não em blocos de texto.

- **Como saber quando fazer isso? Pense nos seus hábitos de leitura. Você lê *mesmo* um e-mail de cima a baixo ou analisa um relatório palavra por palavra? Claro que não.**

    Sabemos que, de qualquer podcast, encontro corporativo, sermão ou ligação no Zoom, vamos aproveitar apenas uma ideia, história, dica, truque, piada, estatística ou insight. Isso se tivermos sorte.

    Já é uma vitória, certo? Na maioria das vezes, ouvimos um podcast ou participamos de uma reunião e não nos lembramos de nada.

- Então se apegue a isso. Não deixe que *os outros* escolham. A escolha é *sua*.

❸ Faça uma revisão rigorosa. Tal ponto, detalhe ou conceito é essencial? Se for, existe uma forma mais simples de comunicá-lo?

❹ Corte, corte, corte. Que palavras, frases ou parágrafos você pode eliminar antes de enviar? Cada palavra ou frase que puder cortar economiza tempo do outro. Menos é mais.

Faça isso e as pessoas vão parar de revirar os olhos – ou ignorá-lo – quando você apresentar uma nova ideia ou mandar uma mensagem.

Elas vão passar a receber bem suas ideias e a ouvi-las com atenção.

ANTES	DEPOIS
O PRIMEIRO torneio de futebol, o primeiro do nosso ano esportivo, será realizado em Springfield, no SoccerPlex, onde nossos meninos darão início a outro grande ano juntos sob o comando do técnico Smith – e esperamos vencer nosso primeiro campeonato. Os jogadores devem chegar às 13h e levar comida, água, etc., mas acho que você provavelmente sabe disso, já que este não é nosso primeiro torneio juntos. Obrigado e vamos pra cima, RedDogs!!!	O PRIMEIRO torneio de futebol será realizado em Springfield, no SoccerPlex. Os meninos devem chegar às 13h. Pra cima deles, RedDogs!

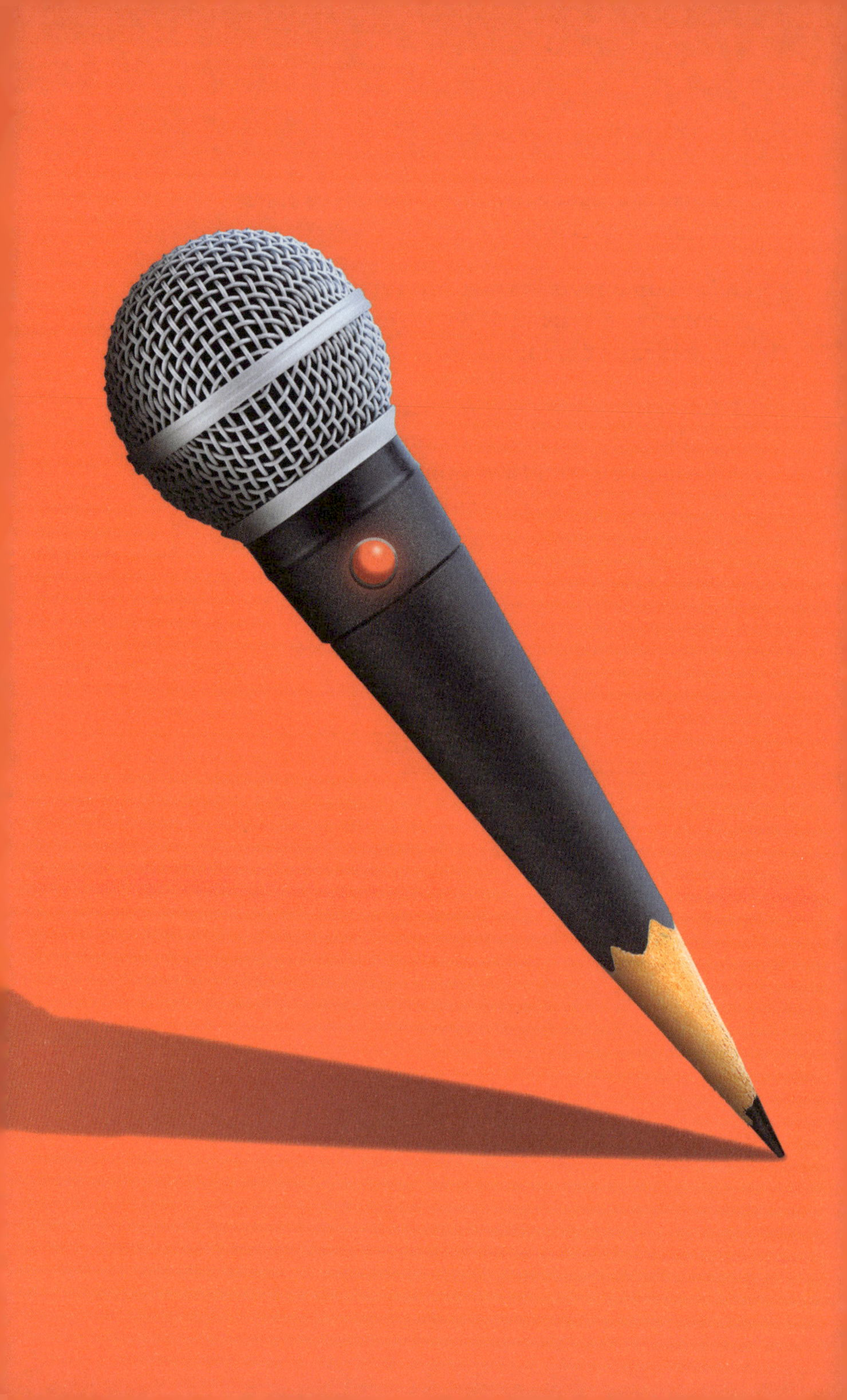

6

Capture a minha atenção!

CONTADOR BREVIDADE INTELIGENTE

| 1310 PALAVRAS | 5 MINUTOS |

Capture a minha atenção!

As palavras mais importantes que você digita são as do campo de assunto, as manchetes e a primeira linha de tuítes, notas ou artigos. Você precisa prender, cativar e seduzir.

POR QUE ISSO É IMPORTANTE: A maioria das pessoas é péssima nisso. Elas escrevem timidamente, e em uma prosa prolixa. Esse mau hábito pode ser facilmente corrigido. Pare de perder seu leitor no "Olá".

- Nos próximos capítulos, vamos dividir o conceito de Brevidade Inteligente em partes e ensinar você a usá-lo, passo a passo. O passo mais importante é a provocação – as primeiras palavras.

PANORAMA GERAL: O cérebro está programado para tomar uma decisão clara e rápida entre sim e não – lutar ou fugir, clicar ou passar, ler ou ignorar, lembrar ou esquecer.

- A rajada de dopamina desencadeada por uma grande ideia ou pela palavra perfeita garante a você mais alguns segundos do tempo de uma pessoa. Cada palavra é uma batalha por mais tempo e atenção.

- A maioria das pessoas lê *apenas* o campo de assunto e ignora a maior parte dos e-mails. Ignorá-los torna-se um mecanismo de defesa. Deixar passar as mensagens importantes torna-se um medo constante.

- A equipe de audiência da Axios descobriu que cerca de 60 caracteres é o ideal para o campo de assunto do e-mail – curto o suficiente para que todas as palavras sejam exibidas na tela do celular. Isso equivale a três a seis palavras, no máximo.

O TONY ROBBINS DA VENDA DE CASAS

O executivo do ramo imobiliário Eddie Berenbaum tem uma arma secreta quando envia newsletters para corretores da concorrência que deseja contratar.

- Essa arma é Tom Ferry, o Tony Robbins do setor imobiliário – um coach de vendas que organiza o Success Summit (Encontro do Sucesso) e vende camisetas com frases motivacionais.
- Berenbaum descobriu que bastava colocar o nome de Ferry no campo do assunto para a probabilidade de seu público-alvo – corretores de imóveis assoberbados – abrir o e-mail aumentar imensamente.

Berenbaum usa o software Axios HQ para enviar um informe semanal a mais de 100 corretores de destaque – e as taxas de abertura dessas mensagens dispararam. Isso deu origem a mais negócios e alinhou a equipe em relação aos principais planos e metas de cada semana.

POR QUE ISSO É IMPORTANTE: Usar um nome ou uma marca de peso no título do texto ou no campo de assunto – como Warren Buffett para um público de negócios, Nike para estudantes – dá a você uma vantagem inicial ao garantir aquele *1 segundo* de atenção necessário para levar uma pessoa ocupada e exigente a clicar.

Berenbaum descobriu que conteúdo *útil* – dicas e formação – também ajuda a aumentar o engajamento.

- "Se eles clicarem no meu e-mail, estão se identificando como altamente propensos a sentar e conversar", diz Berenbaum.

Ele adota o formato da newsletter em parte graças a seu professor de inglês do ensino médio. O conselho que acompanha Berenbaum há 30 anos:

- Escreva – depois volte e elimine pelo menos metade das palavras. Fica melhor a cada vez.

DICAS & TRUQUES

❶ Já comece parando.

- *Pare* de usar palavras em excesso em um título ou campo de assunto. Limite-se a no máximo seis palavras.
- *Pare* de ser engraçadinho. Ou irônico. Ou enigmático. Isso confunde e não é inteligente.
- *Pare* de usar palavras complicadas ou jargão corporativo.

❷ Depois de se desfazer dos maus hábitos, desenvolva novos hábitos saudáveis.

- Usando seis palavras ou menos, deixe claro o motivo pelo qual você decidiu escrever algo.
- Escreva da forma mais provocativa e precisa possível.
- Palavras curtas são fortes. Regra de ouro: uma palavra de duas sílabas é mais forte do que uma palavra de três sílabas, que é mais forte do que uma palavra de quatro.
- Palavras fortes são melhores do que palavras fracas e supérfluas.
- Use SEMPRE a voz ativa.

❸ Leia em voz alta.

Avalie se o texto soa estimulante, se dá vontade de saber mais.

PARA IR MAIS FUNDO: Escolher as palavras certas determina se alguém lerá ou ouvirá as outras centenas de palavras que virão. Pense nisto: você pode passar horas escrevendo algo, mas dedica pouco ou nenhum tempo a buscar maneiras de prender a atenção dos leitores desde o princípio.

Encare tudo o que você escrever como uma manchete de jornal: você quer ser preciso, mas provocativo ou informativo o suficiente para atrair o leitor. É por isso que as manchetes têm fontes maiores e mais escuras em sites e jornais – elas são *o ponto* de decisão.

O título do texto – ou, em um e-mail, o campo de assunto – é o "Ei, escuta só" da Brevidade Inteligente.

- Ele diz: Tenho uma coisa importante para contar e vou fazer isso de uma forma interessante, que vai valer o seu tempo.

- Se você iniciar com "A economia de baixo desperdício começa a acelerar", você me perdeu. Mas se usar "Startups transformam lixo em dinheiro" – aí você me pegou.

- Você vai entediar as pessoas com "Você tem alguns segundos para um informe importante?" Mas pode arrebatá-las com "Notícia urgente: estou de mudança."

- Um tuíte em que ninguém vai clicar: "Esta é uma ótima história que você deveria ler. Siga o fio." Em vez disso imagine: "FURO: a próxima jogada de Musk."

Existe uma forma infalível de saber se o título vai funcionar para captar a atenção: você leria se não fosse escrito por você?

Capture a minha atenção!

- Abra qualquer grande site de notícias e você verá que está cheio de reportagens que nem mesmo o próprio redator leria. E que foram escritas por pessoas pagas para escrever. Não admira que os novatos sofram tanto.

Você jamais prepararia um jantar gourmet e o serviria em uma tigela de ração. Basicamente, é isso que você faz quando tenta atrair a atenção do leitor para um pensamento bem elaborado, mas acaba perdendo-o ou confundindo-o com a sua chamada sem graça.

Manchetes

Os exemplos "antes" são versões pomposas de manchetes de verdade veiculadas em outros sites.
Os exemplos "depois" são as manchetes que veiculamos na Axios.

ANTES	DEPOIS
A variante do coronavírus na Califórnia é provavelmente a mais infecciosa e pode provocar distúrbios mais graves do que a anterior	A variante da covid-19 da Califórnia é mais infecciosa que a anterior
Os empregos na área da saúde serão capazes de manter o crescimento do mercado de trabalho dos EUA – mesmo que haja uma recessão no futuro	As contratações na área da saúde são à prova de recessão

ANTES	DEPOIS
Por que alguns americanos ainda não estão prosperando com o aumento das despesas de saúde	Americanos lutam para pagar despesas de saúde

Campos de assunto de e-mail

ANTES	DEPOIS
Alguns follow-ups de segunda-feira para discutirmos mais tarde na reunião de hoje	DUAS informações importantes

ANTES	DEPOIS
Informativo sobre nossos planos para lidar com vírus/trabalho em casa	🚨 Novo plano de trabalho remoto

ANTES	DEPOIS
Recapitulação do sprint de produto para revisarmos – alguns novos modelos a serem explorados	Recapitulação do sprint: 7 novos modelos

COMO FAZER

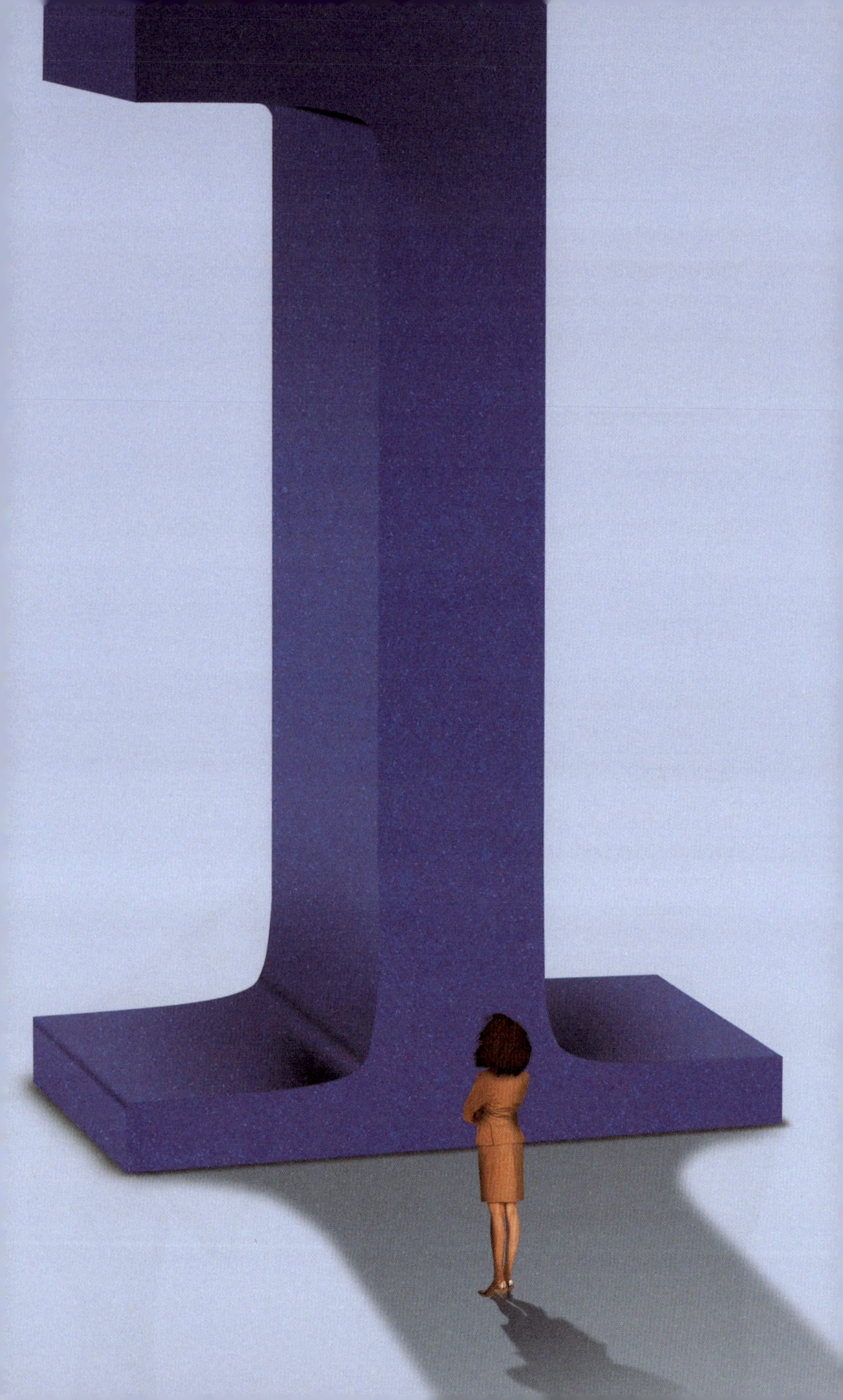

7

UMA coisa importante

CONTADOR BREVIDADE
INTELIGENTE

1000
PALAVRAS | 3,5
MINUTOS

UMA
coisa importante

Se for para você tirar só uma lição deste livro, que seja esta: aprenda a identificar e salientar UMA coisa que você quer que as pessoas fiquem sabendo.

E faça isso em UMA única frase forte. Senão ninguém jamais se lembrará dela. Este é o ponto mais importante – é o que os jornalistas chamam de lide.

POR QUE ISSO É IMPORTANTE: Quer estejam lendo um e-mail, vendo um post no Facebook ou uma matéria no celular, a maioria das pessoas ocupadas se lembra apenas de fragmentos. Elas passam os olhos pelos seus textos – não leem palavra por palavra – tentando responder a duas perguntas:

- Que raios é isso?
- Vale a pena gastar meu tempo?

PANORAMA GERAL: Eis a dica mais útil que Mike aprendeu quando era repórter iniciante:

- Depois de fazer uma entrevista ou cobrir um evento, ligue para seu editor, colega de apartamento ou outra pessoa importante e conte o que aconteceu. Essa é a sua primeira frase. Todas. As. Vezes.

Eis a dica mais útil que Mike aprendeu com Jim: "Ninguém se importa se aquilo não for visto ou lido por outras pessoas."

EMPACADO

Um amigo nosso, Cliff Sims, trabalhou para Donald Trump na campanha presidencial e na Casa Branca e tinha um milhão de histórias. Cliff é um contador de histórias nato, com olhos de escritor. Depois que deixou o governo, ele era capaz de passar horas contando bastidores inacreditáveis.

- Quando ele começou a escrever um livro, simplesmente não fluía. As histórias pareciam desconexas e frias.
- Sugerimos que ele contasse as histórias à sua esposa e as gravasse em seu iPhone. Em seguida, as transcrevesse. Isso seria o livro.

Deu certo: *Team of Vipers* é uma das melhores leituras sobre a insanidade do universo de Trump.

UMA coisa importante

- A primeira frase é sua primeira – e talvez única – chance de contar a uma pessoa o que ela precisa saber e convencê-la a não abandonar a leitura.

- Você tem no máximo alguns segundos para compartilhar uma mensagem clara. Depois disso, vai perder seu leitor para uma dúzia de outros e-mails, vídeos ou alertas que disputam a atenção dele.

Nosso cérebro sabe o que é mais interessante e importante. Então começamos a digitar e deixamos tudo mais complexo, nebuloso, esquecível. Isso vale para todas as formas de comunicação.

- Depois de uma grande entrevista para a série *Axios on HBO*, selecionamos os melhores momentos assistindo a tudo ou lendo uma transcrição. Falamos com o jornalista imediatamente após o fim da entrevista e perguntamos o que ele achou mais interessante, para avaliar se ele tinha prestado atenção em alguma coisa.

Se você está escrevendo um informe para sua equipe ou um bilhete para os amigos, imagine que está falando com eles no elevador, sem tempo a perder.

- Se a porta do elevador já estivesse abrindo, qual é a única coisa que você diria, torcendo para que eles não esquecessem? Essa é a sua frase principal.

COMO FUNCIONA: A maioria dos jornalistas é péssima em escrever lides curtos. Portanto, não se sinta mal: eles são pagos para fazer isso e têm dificuldade.

John Bresnahan, que trabalhou conosco no Politico, foi contaminado pelo vírus do empreendedorismo e ajudou a fundar o *Punchbowl News*. Ele é um cara ríspido, mal-humorado, sem qualquer apego piegas pelos "velhos tempos" – e sintetiza perfeitamente o que cada frase inicial deve fazer: "Apenas me diga algo que eu não sei."

Esta é uma primeira frase comum – e terrível – de um e-mail:

RUIM	BOM
"Sei que você está ocupado e tem muita coisa pra pensar, mas eu queria que você soubesse que vou dar uma festa e espero trazer uma banda para tocar ao vivo. Talvez precise da sua ajuda para organizar algumas coisas."	"Vou dar uma festa épica com uma banda ao vivo."

Ou pense em uma matéria que começa com este lide: "O presidente Joe Biden conta com antigos assessores para orientá-lo em questões difíceis de política externa e em

UMA
coisa importante

crises domésticas, e alguns Democratas temem que esse grupo limitado possa estar complicando seu processo de tomada de decisão." (Bocejo.)

- Que tal: "Joe Biden está comandando a Casa Branca da mesma forma que George W. Bush: com uma oligarquia pequena, discreta e que pensa parecido." (Aí, sim.)

Você pode pedir um aumento falando assim: "Estou aqui há três anos, trabalho muito, tenho uma casa e um carro novos para pagar, e quero falar... bem... sobre a possibilidade de um aumento de salário, se você tiver tempo agora."

- Experimente: "Sei do meu valor e quero falar sobre um aumento."

Quando informar um professor sobre sua tarefa, você pode dizer: "Peço desculpas por estar um pouco atrasado para finalizar meu artigo sobre Teddy Roosevelt, mas encontrei muitos obstáculos na pesquisa porque tenho alternado o foco entre seu estilo de liderança e uma análise mais detalhada da eficácia de sua política ambiental nos Estados Unidos, mas agora decidi que a questão do estilo de liderança, apesar de ampla e grandiosa, oferece mais espaço para eu explorar, pesquisar e escrever. Prometo que o artigo definitivo escrito sob essa ótica será entregue no domingo."

- Experimente: "Vou me concentrar exclusivamente no estilo de liderança de Teddy Roosevelt e entregar o artigo no domingo."

DICAS & TRUQUES

❶ Concentre-se no seu ponto principal.
Lembre-se de ter em mente seu público-alvo.

❷ Deixe de lado as historinhas.
E também as piadas e ostentações.

❸ Atenha-se a uma frase.
Agora, escreva.

❹ Não repita a provocação tal como escreveu antes.
(Caso tenha usado uma.)

❺ Elimine advérbios, palavras fracas e palavras difíceis.
Está direto, sucinto e claro?

❻ Agora pergunte a si mesmo:
Se essa for a ÚNICA coisa que a pessoa vai ler ou ouvir, é *exatamente* o que você quer transmitir?
Se for, continue.

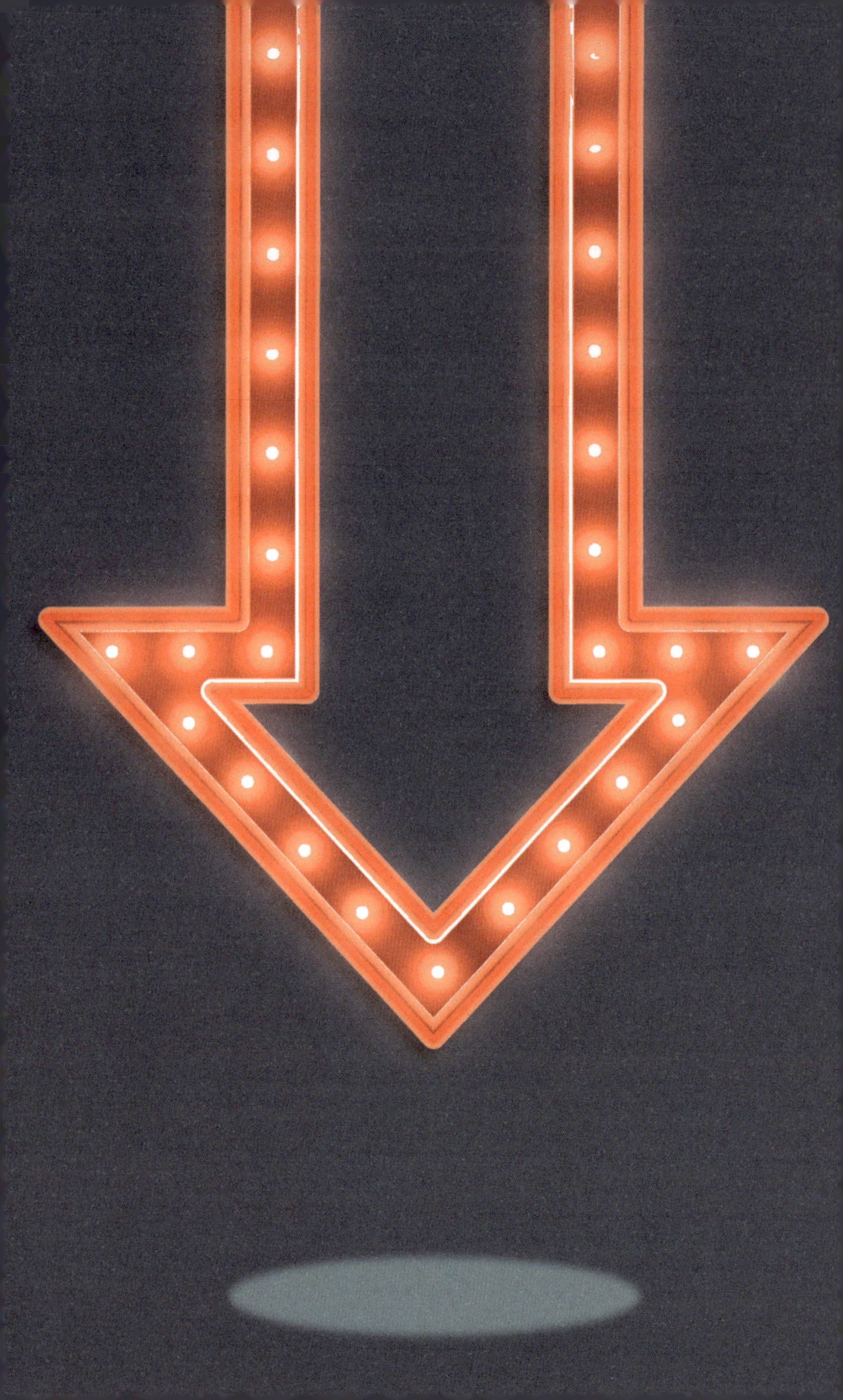

8
Por que isso é importante

CONTADOR BREVIDADE
INTELIGENTE

| 1150 | 4,5 |
| PALAVRAS | MINUTOS |

Por que isso é importante

Um "axioma" – o nome que demos, por exemplo, à seção "Por que isso é importante", que você vê ao longo deste livro – é uma forma de expressar seus pensamentos em um contexto fácil de entender.

- Expressões como "Segundo os números"… "O contexto"… "O que está acontecendo"… "O outro lado"… "Checagem dos fatos" – são sinais claros que orientam qualquer um que esteja apenas passando os olhos no seu texto. (Confie na gente: todo mundo está.)

POR QUE ISSO É IMPORTANTE: A maioria das pessoas está ocupada demais para entender não só *o que* importa, mas *por que* isso importa. Seja um herói: conte a elas de um modo rápido, claro e elucidativo.

Vamos supor que você precise informar seu chefe sobre uma demissão importante.

ANTES	DEPOIS
CAMPO DE ASSUNTO: Informe sobre a equipe para compartilhar com você quando estiver com tempo... Desculpe incomodá-lo com este assunto, mas, como você sabe, Janet Small tem feito um ótimo trabalho liderando dois dos nossos projetos mais importantes. Bem, ela acabou de me informar que está se demitindo para começar em um novo emprego daqui a algumas semanas. Puxa. Que pancada. Parece que ela está indo para o concorrente. Vamos nos esforçar para contratar um novo chefe de gabinete, mas essas coisas levam tempo. Acho que posso entrar em campo e cobrir algumas funções dela.	**CAMPO DE ASSUNTO:** 🚨 Nossa chefe de gabinete pediu demissão Janet Small acaba de me informar que vai sair dentro de duas semanas para assumir uma vaga no nosso principal concorrente. **POR QUE ISSO É IMPORTANTE:** Janet comanda dois dos nossos três projetos estratégicos mais importantes. Vou entrar em campo enquanto providenciamos alguém para substituí-la.

- Ok, você me contou algo novo. Mas por que eu deveria me importar? Por que devo me lembrar disso ou compartilhar essa informação?
- Diga aos leitores o que pensar sobre aquilo. E faça isso imediatamente após a primeira frase.

Por que isso é importante

PANO DE FUNDO: Construímos uma empresa inteira em torno do que parece ser uma ideia simples, os axiomas. Nosso nome é uma brincadeira com essa ideia. *Axios* é a palavra grega para "digno", no sentido de digno do seu tempo, da sua confiança e da sua atenção.

- Axiomas são como placas de trânsito: dizem onde você está e para onde está indo.

- Fazemos com que as informações mais importantes comecem com um axioma e damos destaque a ele em matérias, e-mails, apresentações, etc. Isso fornece uma pista inequívoca à mente, que se organiza para o que será processado a seguir. A mente então decide se deve passar para outra história ou "ir mais fundo" naquela.

- Basicamente, roubamos o que é chamado no jornalismo de *nut graf*, a frase ou o parágrafo que resume por que você está lendo aquela matéria. (Nos grandes jornais onde trabalhamos, o *nut graf* normalmente aparecia no quarto parágrafo ou depois, por razões que até hoje temos dificuldade de entender.) Aprimoramos a ideia e a aplicamos a todas as formas de comunicação.

Mais alguns dos nossos axiomas preferidos:

- Panorama geral
- O que vem por aí
- O que temos visto
- O que temos escutado
- As entrelinhas
- Pano de fundo
- Atualização rápida
- Em detalhes
- Em perspectiva

MORAL DA HISTÓRIA: Brevidade Inteligente não é magia – é uma técnica que pode ser aprendida e ensinada. Existem alguns truques para dominar a arte dos axiomas.

Ele deve ser forte

FORMULAÇÃO FRACA:	AXIOMA FORTE:
Aqui está o que é importante saber	Por que isso é importante
FORMULAÇÃO FRACA: Uma tendência que temos observado	**AXIOMA FORTE:** Panorama geral
FORMULAÇÃO FRACA: Vamos dar uma olhada nos dados	**AXIOMA FORTE:** Os números
FORMULAÇÃO FRACA: Para concluir	**AXIOMA FORTE:** Moral da história

DICAS & TRUQUES

❶ "Por que isso é importante" é o axioma mais recorrente e eficaz.

As pessoas estão ocupadas e com a mente confusa. Elas anseiam por contexto, mesmo que não saibam nem manifestem isso. Coloque em negrito as palavras "Por que isso é importante".

❷ Depois de "Por que isso é importante", explique em uma frase – ou no máximo duas – por que as informações em sua frase principal são relevantes.

- **O que vai mudar? Uma política, um ramo de negócios, uma estratégia, uma abordagem?**

- **O que isso indica? Uma mudança de paradigma, uma tendência?**

- **Qual é o contexto mais amplo? É algo inesperado, intrigante, marcante? É relevante para algo que já foi discutido?**

❸ A frase – ou as frases – deve ser direta e assertiva.

NÃO se pode ser redundante na frase de abertura. Ela deve acrescentar alguma coisa e oferecer perspectiva. Repita em voz alta o lide e o axioma. Se alguém ouvir apenas os dois, vai captar a essência da sua mensagem?

Conceito de sucesso: dizer ou escrever algo tão novo, essencial e fascinante que seu público ficou *querendo mais*.

❹ **Agora, leia as três partes juntas: título, primeira frase e axioma.**

Se essas palavras forem tudo que uma pessoa irá ler, elas transmitem o que mais importa da forma mais direta e compreensível possível?

Se a resposta for sim, você fez mais com 200 palavras do que a maioria das pessoas faz com 20 mil.

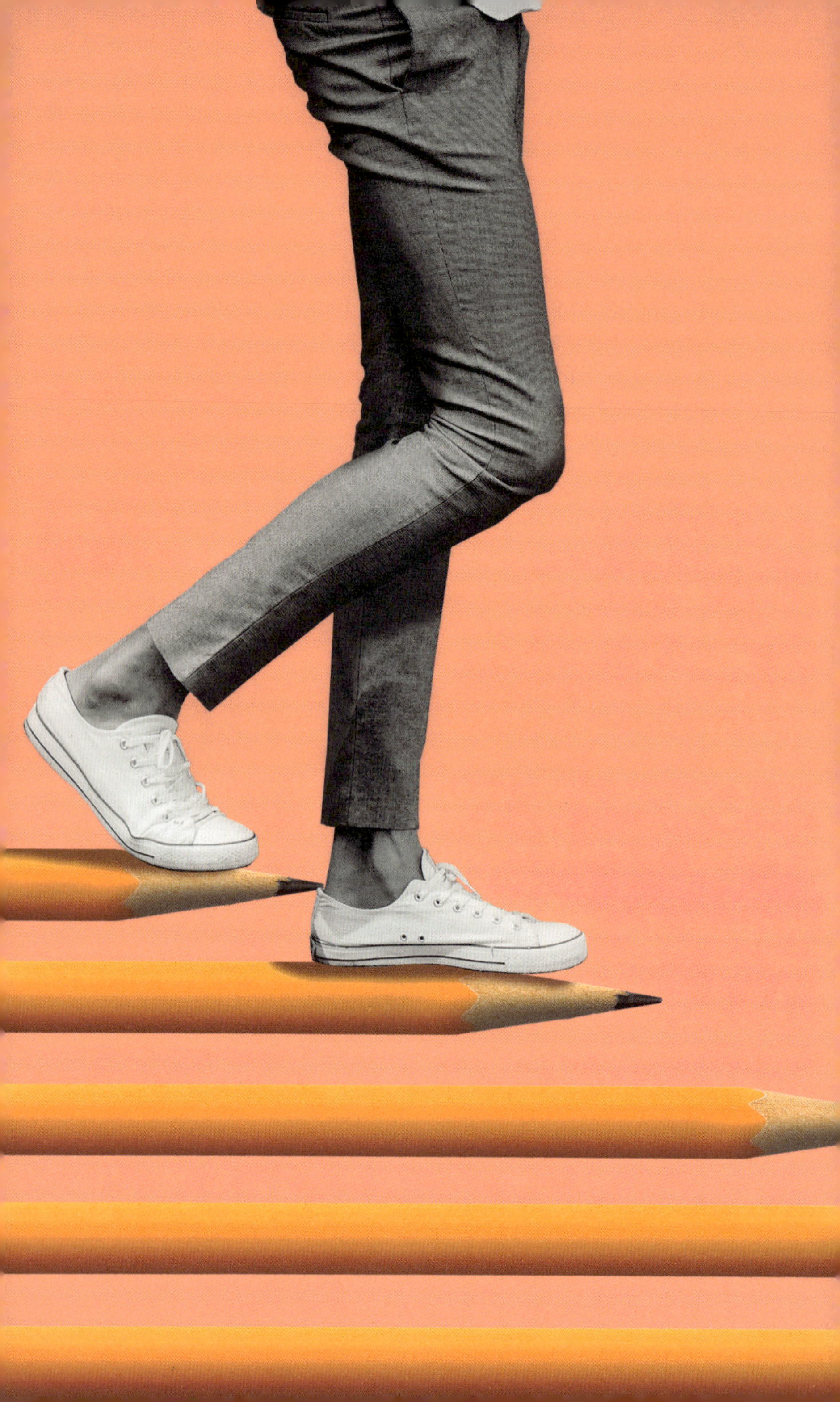

# 9

Para ir mais fundo

CONTADOR BREVIDADE
INTELIGENTE

| 1090 PALAVRAS | 4 MINUTOS |

Para ir mais fundo

A Brevidade Inteligente reúne informações essenciais da forma mais digerível e saborosa.

POR QUE ISSO É IMPORTANTE: Para dominar a técnica, você precisa fornecer profundidade, detalhes e nuances com mais rapidez e da maneira mais fácil de ler possível após seu primeiro axioma, que geralmente é "Por que isso é importante".

- Nunca se esqueça: a maioria das pessoas se distrai depois de algumas dezenas de palavras. Na melhor das hipóteses, apenas passa os olhos pelo restante.
- Sim, isso é frustrante. Mas existem vários truques para capturar e prender um pouco mais a atenção das pessoas.

Dar ao leitor o poder de "Ir mais fundo" faz com que ele se sinta satisfeito e permite que você o encaminhe para o contexto sem usar um monte de palavras que vão afastá-lo.

- Após o parágrafo final, basta digitar "Para ir mais fundo" e, em seguida, criar um link para seu material completo ou para um vídeo, podcast, biografia, mapa, trecho de livro, uma enquete – qualquer coisa que permita ao leitor entrar na toca do coelho.

EIS UM SEGREDO: A maioria não entra no link. Mas o simples fato de haver a seção "Para ir mais fundo" mostra ao leitor que você está do lado dele, que deseja deixá-lo à vontade para absorver quanto quiser, e também mostra cuidado e consideração de sua parte. O que se lê nas entrelinhas é: Tive o trabalho para que você não precise ter.

- Mike escreveu um texto para uma newsletter falando da ética na programação de um veículo autônomo. Em uma situação extrema, o carro deveria atingir a pessoa à sua frente ou desviar e talvez atropelar alguém na calçada?

- Mike forneceu um link "Para ir mais fundo" do material que inspirou seu texto e outro de uma publicação acadêmica sobre aquele assunto. Assim, o leitor podia escolher apenas captar a principal ideia rapidamente, ler um pouco mais ou mergulhar fundo nos meandros do debate.

Terminar o texto com "Para ir mais fundo" é eficiente e elegante – e mostra ao leitor que a Brevidade Inteligente não despreza os detalhes nem o contexto.

DICAS & TRUQUES

❶ Axiomas são demais!

Esses sinais em destaque naturalmente chamam atenção e informam para onde você está indo.

- **Somos grandes fãs do "Para ir mais fundo" porque ele afirma claramente que você vai fornecer mais dados em seguida. "Panorama geral" também é bom quando você está abrindo a perspectiva para oferecer mais contexto.**

❷ Use tópicos sempre que for preciso.

São uma ótima forma de isolar fatos ou ideias importantes. Pense em como você passa os olhos procurando por algo que salte à vista. Um tópico quebra o texto e se destaca pelo espaçamento e pelo ritmo que impõe.

- **Regra de Ouro dos Tópicos: ninguém quer ficar olhando para um amontoado de palavras e números. Se você quer explicar três ou mais dados diferentes ou ideias relacionadas, divida-os em tópicos. Fica bem mais amigável.**

❸ Dê destaque.

A esta altura, você já entendeu que a maioria das pessoas está só passando os olhos pelo que você escreve. Se você quer que um axioma, uma palavra ou um dado específico se destaque, **coloque-o em negrito**. É mais forte e mais perceptível do que o itálico – e se destaca visivelmente do texto padrão. Ele grita: "Preste atenção aqui!"

❹ Misture tudo.

Fuja de parágrafos extensos. Atenha-se a duas ou três frases no máximo. Tente evitar longos parágrafos consecutivos. Use negrito, tópicos, gráficos e axiomas para quebrar o fluxo da leitura. Massas de texto muito grandes são maçantes.

❺ Apenas pare. O maior erro nas comunicações, o que mais desperdiça tempo, é falar ou escrever demais.

- Seja um monge na disciplina com as palavras e zen na alegria interior de dizer mais com menos. Isso não é natural nem fácil, mas pode ser aprendido com a prática.

- Lembre-se de que você está poupando o tempo dos outros – e o seu – para atividades mais significativas. Essa deve ser a sua bússola.

- A melhor comunicação costuma ser o silêncio.

O BRILHANTE DIMON

O presidente e CEO do JPMorgan Chase, Jamie Dimon, escreve uma carta todo ano para os acionistas com importantes reflexões sobre a empresa, o setor e as tendências culturais e políticas. Ele chegou a 32 mil palavras em 2021 – mais do que este livro contém.

POR QUE ISSO É IMPORTANTE: A carta é aguardada com grande expectativa entre líderes empresariais e governamentais e analistas financeiros. Pode ser inteligente e dividida em várias seções, mas está longe de ser concisa.

- A equipe dele pediu à Axios que aplicasse a Brevidade Inteligente e captasse as mensagens centrais da carta anual. A ideia era compartilhá-la com um público mais amplo. Foi um sucesso – e 30.420 palavras mais curta. (Não se preocupe, deixamos links da carta completa.)

FATO CURIOSO: Jamie foi uma das primeiras pessoas a quem contamos sobre nossos planos de lançar a Axios.

- O que Jamie e sua equipe desejam é que o maior número de pessoas possível leia e se lembre dos postos-chave. Isso demanda destilar e priorizar.

A versão Brevidade Inteligente a seguir foi criada usando o software Axios HQ:

Nova mensagem

Para: CC CCO

Assunto: **A VISÃO DE JAMIE PARA O FUTURO**

2020 FOI UM ANO EXTRAORDINÁRIO. Uma pandemia, recessão global, eleições turbulentas e profundas injustiças sociais e raciais nos forçaram a refletir sobre as questões que estão esgarçando o tecido social.

"O PROBLEMA SUBJACENTE É A DESIGUALDADE. E a causa está na nossa cara: nossa incapacidade de superar diferenças e nossos interesses, para agir em nome do bem maior", diz Jamie.

- "A colaboração entre os setores público e privado pode vencer grandes desafios – desigualdade de renda, oportunidades econômicas, educação e saúde para todos, infraestrutura, habitação acessível e prontidão para enfrentar desastres, para citar alguns."

As soluções começam com uma liderança forte, local e globalmente:

- Sistemas financeiros inteligentes podem desencadear o primeiro passo na capacidade de uma família de acumular riqueza de modo confiável a longo prazo. Devemos expandi-los.
- Prefeitos, educadores e líderes comunitários criam as políticas que capacitam e melhoram as condições de vida de seus cidadãos. Devemos trabalhar com eles.
- Negócios locais criam as oportunidades de que as comunidades precisam para sustentar uma economia saudável. Devemos estimulá-los.
- Líderes devem priorizar um Plano Marshall abrangente e plurianual para um crescimento saudável. Devemos apoiá-los.

"QUANDO TODOS TIVEREM DE FATO ACESSO às recompensas do crescimento, e oportunidade de compartilhá-las, a economia ficará mais forte e nossa sociedade será melhor", diz Jamie. A seguir vamos explorar formas de promover a igualdade.

Enviar

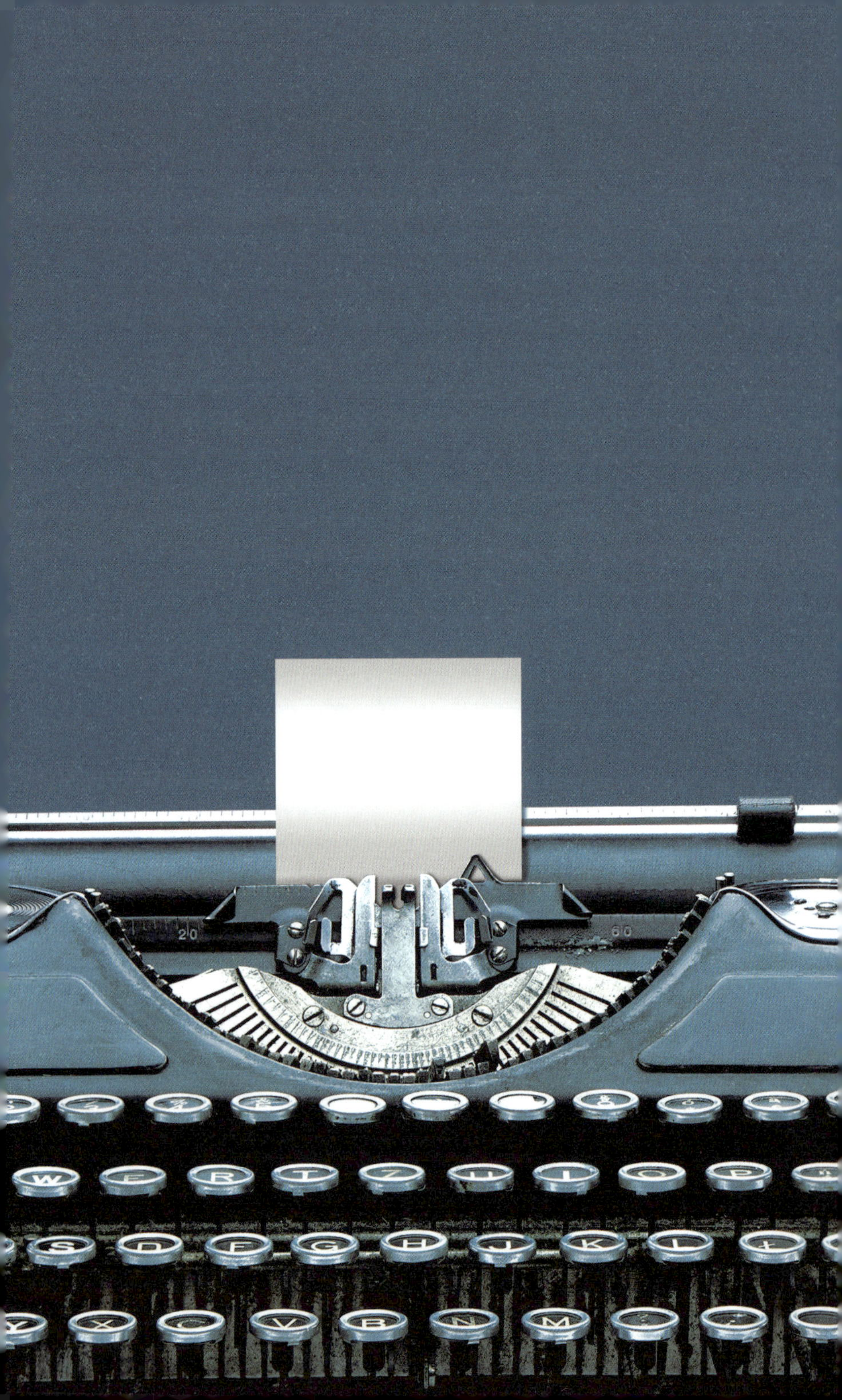

10

As palavras certas

CONTADOR BREVIDADE INTELIGENTE

| 1100 PALAVRAS | 4 MINUTOS |

As palavras certas

Mark Twain disse que a diferença entre a palavra quase certa e a palavra certa "é a diferença entre o vaga-lume e o relâmpago".

POR QUE ISSO É IMPORTANTE: O mesmo vale para palavras fracas *versus* fortes, frases curtas *versus* longas e comunicação eficaz *versus* ruim. Você quer brilhar como um relâmpago, e não incomodar como um inseto.

Criticamos bastante os jornalistas neste livro, com razão, mas os textos de negócios são no mínimo tão ruins quanto os jornalísticos. Não diga "escala de preço" se quiser dizer "preço". Não diga "competência essencial" se quiser dizer "habilidade". A escrita inteligente e sucinta é linear, não sinuosa. Sujeito. Verbo. Objeto.

- Um antigo editor certa vez nos disse que ninguém chamaria uma banana de "fruta amarela comprida". No entanto, quando escrevemos, fazemos isso o tempo todo.

- Você nunca diria ao seu cônjuge: "Com temperaturas recordes atingindo as regiões Oeste e Sul e as máximas locais chegando aos 40°C, vou aproveitar o ar-condicionado mais próximo." Não! Você diria: "Está quente. Vou pra dentro de casa."

- Não precisa ser assim. Aprendemos truques simples que podem ser aplicados a qualquer coisa, de tuítes a livros.

- Sua escrita vai se destacar em meio às saladas de palavras que seus colegas estão criando.

DE VOLTA À ESCOLA

Mark Smith, um professor do ensino fundamental, percebeu que os pais dos alunos não estavam lendo seus e-mails.

- Eles só passavam os olhos nas mensagens e perdiam as informações importantes. Depois alegavam ignorância ou o perturbavam.
- "Eles só reagiam a metade das informações", lembra. "Era um pesadelo."

Smith lê as nossas newsletters. E decidiu tentar aplicar as técnicas da Brevidade Inteligente em sua comunicação com os pais.

Ele até colocou o número de palavras e o tempo necessário para lê-las no topo das mensagens – assim como fazemos nas newsletters da Axios.

- **Missão cumprida.** Smith sabe que a maioria dos pais lê só as palavras em negrito/destaque (não são apenas as crianças que são preguiçosas). Então é assim que escreve todos os pontos importantes. "No fim, eles captam a mensagem", diz ele.

Smith aponta uma área em que seus filhos de 13 e 14 anos estão à frente dos adultos. Os adolescentes adoram textos concisos, mas não por causa da neurologia ou da psicologia por trás dele.

- Como diz o professor: "Eles querem escrever o mínimo possível."

DICAS & TRUQUES

❶ Mais curto é sempre melhor.

Uma regra prática e fácil é: uma palavra de duas sílabas é mais poderosa do que uma de três, que é mais poderosa do que uma de quatro. Usamos palavras curtas no campo de assunto.

❷ Use palavras FORTES.

Uma palavra forte é vívida, precisa e – eis o principal – visível. É algo real. Uma palavra fraca é abstrata – você não pode vê-la, tocá-la, prová-la, tirar uma foto dela (como "procedimento" ou "cidadania").

- **Palavras fortes: Qualquer substantivo de uma sílaba (cor, pé, luz, mar, voz). Qualquer verbo de uma sílaba (dar, ver, ler, ir, pôr).**

❸ Corte palavras FRACAS.

Uma boa regra é: se você não a usaria no bar ou na praia, corte. Existem diversos tipos de palavras capengas ou desajeitadas.

- **Palavras rebuscadas: a avó de Mike costumava chamá-las de "palavras de dicionário", aquelas que existem, mas ninguém usa. Você pode chamá-las de "palavras de concurso de soletração" – aquelas que supostamente o levariam a parecer inteligente, mas que no fundo só o levam a fazer papel de bobo. As opções entre parênteses são melhores.**

estardalhaço (*ruído*)	**conclave** (*reunião*)
ludibriar (*enganar*)	**vicissitude** (*acaso*)
enfadonho (*chato*)	**quintessencial** (*vital*)
congestionamento (*nó*)	**pertinência** (*valor*)
despropósito (*erro*)	**verossímil** (*fiel*)
desconcertante (*ruim*)	**elucidar** (*explicar*)
desagrupado (*só*)	

- Palavras que nenhum ser humano diria. Elas existem apenas no jornalismo, no meio acadêmico e em artigos. Quando trabalhávamos em jornais, editores perspicazes chamavam isso de "jornalês" – uma língua moribunda, felizmente.

predicação (*sermão*)	**ubiquidade** (*em toda parte*)
contratempo (*problema, revés*)	**veracidade** (*verdade*)
postular (*presumir*)	**altercação** (*briga*)
ausência (*falta*)	**veemente** (*forte*)
desprovimento (*carência*)	**disseminar** (*espalhar*)
ofuscar (*turvar*)	**raison d'être** (*propósito*)

- Projetamos o nosso software para identificar e substituir palavras fracas em um texto, e isso é claramente algo que todos nós podemos aprender e fazer.

❹ Evite palavras nebulosas.

"Pode", "deveria", "teria": esses verbos geralmente não dizem nada sobre o que está acontecendo.

- "Praticamente qualquer coisa pode acontecer." Essa frase não faz nada para informar, convencer, agradar – o primeiro e verdadeiro objetivo de escrever.

- Em vez disso diga o que está acontecendo: algo está sendo "planejado" ou "analisado" ou "discutido"? É "temido", "esperado" ou "iminente"?

- Todas essas palavras dizem algo útil. Não desperdice o tempo das pessoas com vazios nebulosos.

❺ Use a voz ativa.

A voz ativa traz ação à sua escrita – é alguém fazendo algo: Roy dirige uma kombi.

DICAS & TRUQUES

- A voz passiva é mais nebulosa – é alguém fazendo uma observação: "Roy é conhecido por dirigir kombis."
- Ativa: "O Talibã tomou o Afeganistão." Passiva: "O governo afegão foi tomado pelo Talibã."
- No ensino fundamental aprendemos a fórmula "quem faz o quê". É simples e sempre rende uma sentença fascinante na voz ativa.

MORAL DA HISTÓRIA: me conte uma história. Não me conte *sobre* uma história.

❻ Adote frases fortes.

Breve, nítido, enérgico = memorável, claro, inteligente.

"Jesus chorou." Essas são as duas palavras mais curtas e poderosas de toda a Bíblia. Onze letras e um versículo vívido do Evangelho segundo João. Capta a humanidade terrena de Jesus, a humildade, a emoção. Veja outros exemplos:

- Japão se rende.
- Vendas despencam.
- Receitas disparam.
- Eu me demito.
- Filhotes se perdem.

❼ Revise a si mesmo.

Depois de escrever uma frase principal, analise cada palavra para ver se consegue dizer o mesmo com uma sílaba a menos. A cada mudança você terá uma palavra mais forte.

- Nunca escreva "retribuição" se puder dizer "vingança".

PANORAMA GERAL: Uma frase é melhor do que duas frases, que é melhor do que três. Seja tão implacável com as frases quanto com as palavras. Seja ainda mais implacável com os parágrafos.

Edite suas palavras para que elas tenham potência.

TESTE RÁPIDO PARA PALAVRAS FORTES

Mike estava de plantão no jornal quando o mandaram para um workshop com a falecida Paula LaRocque, a famosa coach de redação do *The Dallas Morning News*. Ela era muito texana – grandes anéis, grande sorriso, grande personalidade. Mike se lembra de Paula lendo em voz alta um texto sobre um peixe.

Dava para ver aquele peixe na sua cabeça. Então ela perguntou aos participantes o que havia de notável no texto.

Ninguém tinha percebido.

Todas as palavras tinham até duas sílabas. O poder estava na simplicidade.

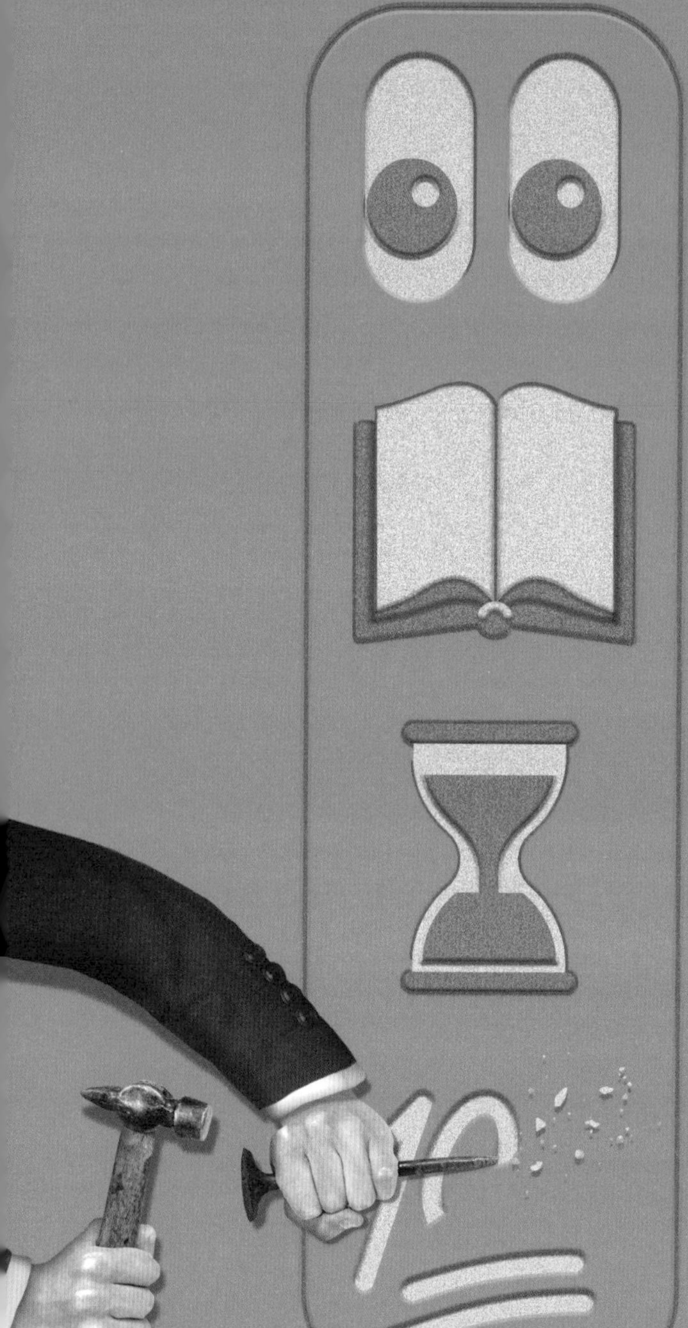

11
Emojis

CONTADOR BREVIDADE
INTELIGENTE

| 550 PALAVRAS | 55 EMOJIS | 2 MINUTOS |

Emojis

O nirvana da Brevidade Inteligente é dizer algo SEM palavras. Bem, 🤓, conheça o emoji.

POR QUE ISSO É IMPORTANTE: Emojis, que já foram território insolente de crianças e piadas, podem ser absolutamente 💵 em transmitir emoções, intenções e até sutilezas.

> ⚠️ É fácil abusar deles e ficar parecendo seu pai vestindo uma calça jeans justinha. Mas, se forem usados com moderação e eficácia, eles são 🔥.

PANO DE FUNDO: Mike passou anos sem usar emojis por supor, corretamente, que Jim zombaria dele. Mas, quando lançamos as primeiras newsletters da Axios em 2017, estávamos em busca de formas de mostrar que nossa escrita era 💡 + 😊.

- Queríamos mostrar que levamos nosso público e nossos assuntos a sério – mas não propriamente a nós mesmos.
- Uma forma de fazer isso desde o nascimento das newsletters foi usar GIFs. Muitos vieram da biblioteca Giphy, que é gratuita e recomendamos fortemente.
- Logo passamos a ver os emojis como uma ferramenta poderosa para os negócios e a comunicação informal quando usados com sabedoria, inteligência e – o mais importante – moderação.

Se usá-los em excesso, você vai parecer bobo. Mas, inseridos na hora certa, eles ajudam a sinalizar instantaneamente o tom ou o assunto de um tópico, poupando o seu tempo e o do leitor ao prepará-lo para o que virá.

Não temos dados científicos para provar, mas colocar um 🚨 antes de um alerta de notícia urgente parece disparar as taxas de abertura das mensagens.

Isso é arte. Arte digital.

- Em sua newsletter, Mike usa "📊 Dados do dia" como manchete – e você sabe instantaneamente do que se trata.

- Use 📦 para encomenda e 🛒 para supermercado – vou saber imediatamente do que estamos falando. Idem para 🇫🇷, 🇬🇧 e 🇨🇳.

- ✈️ viaja bem. 🔥 chama atenção. ✏️, 💥, 🚨 e ⚡ anunciam notícias mais recentes.

Emojis úteis para comunicação comercial:

Dados ou enquete	📊
Eleição	🗳️
Sucesso	📈
Fracasso	📉
Perfeito	💯
Decepção	🙍‍♀️
Prazo	⏰
Crítica gastronômica	🍽️
Dispositivos	💻 📱
Esportes	⚽ 🏏 🏀 🏈 🎾 🏑
Comida	🥞 🍕 🍟 🍔

COMO FAZER

Emojis

Emojis também são úteis para interações corriqueiras:

- Você não precisa nem dar título a *esta* seção: 🎂.
- Nossas newsletters sempre sinalizam a série *Axios on HBO* com 🎬.
- Para outras referências de séries ou filmes, usamos 🎞️ ou 🎥.
- 🎧 é sempre um podcast ou uma música.
- E as pessoas adoram símbolos vintages: 📺 🎙️ 🎦.

Eis mais uma razão pela qual os emojis são bons amigos: um emoji no campo de assunto faz com que ele se destaque imediatamente em sua caixa de entrada. Experimente e comprove o resultado.

- O pessoal da newsletter *Morning Brew* adotou com muito sucesso ☕ como parte da sua marca, tanto nos campos de assunto quanto no Twitter. Eles usam esse emoji todos os dias, portanto ele se destaca quando as pessoas passam os olhos em seus e-mails. Lembre-se: você está em uma guerra por atenção, então cada truque conta.
- Mike preenche o campo de assunto da nossa newsletter matinal com "☕ Axios AM", gerando familiaridade e estimulando o hábito de leitura.
- Já nossa newsletter vespertina traz 🥁 no campo de assunto. Que rufem os tambores!
- E, claro, estes não precisam de tradução: 🤯 😱 ⚡.

MORAL DA HISTÓRIA: Leve um emoji para um 🏃. Os resultados serão 🥇.

Parte 3

Brevidade Inteligente em ação

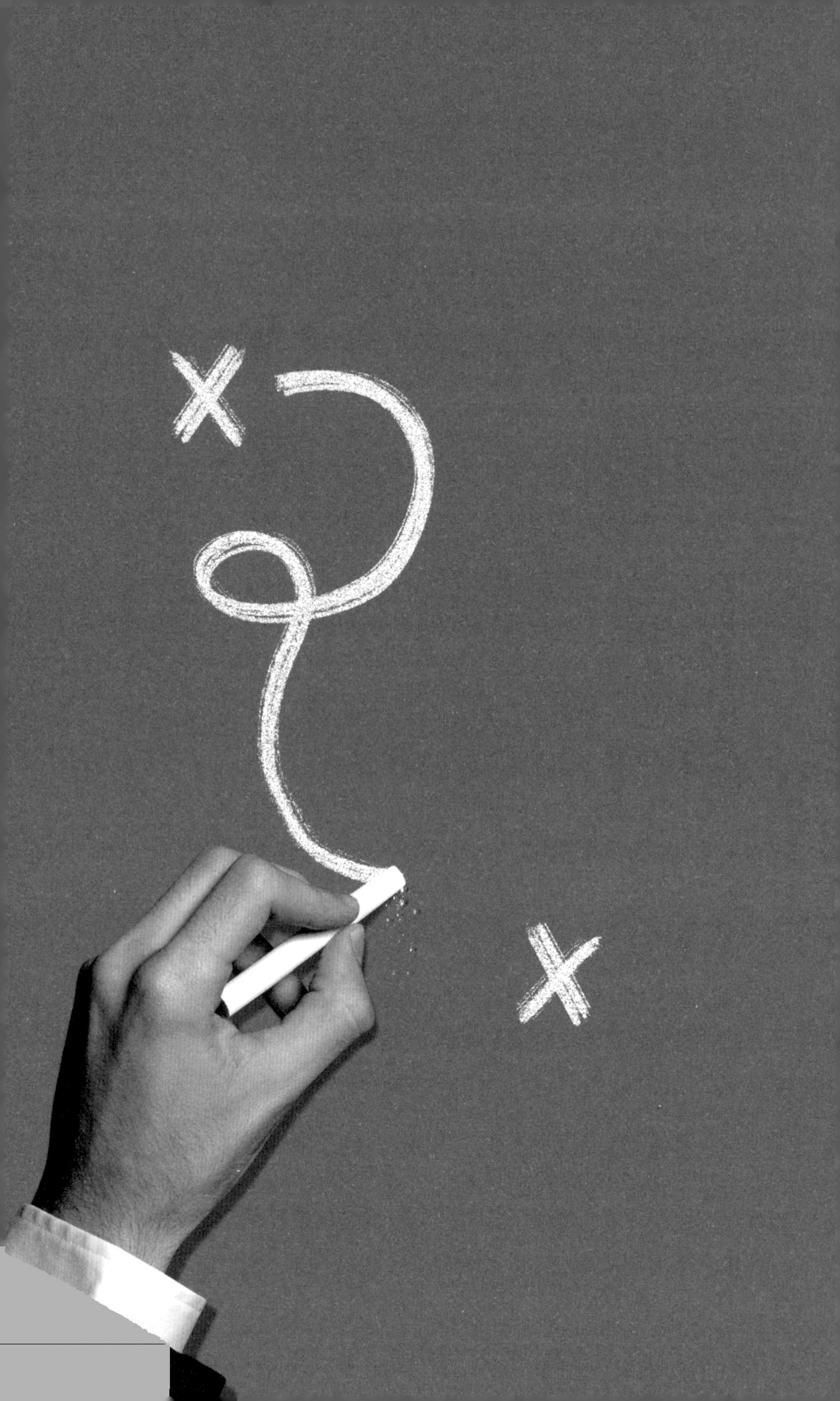

12

O manual do Mike

CONTADOR BREVIDADE INTELIGENTE

| 1080 PALAVRAS | 4 MINUTOS |

O manual
do Mike

Mike publicou uma newsletter matinal diária, 365 dias por ano, durante 15 anos. São mais de 5 mil edições, com apenas sete dias de folga nesse período para escalar uma montanha no Maine – e se recuperar dessa aventura.

POR QUE ISSO É IMPORTANTE: Escrever uma newsletter não é algo no qual uma pessoa sã se arriscaria. Mas Mike é a incubadora viva da Brevidade Inteligente. Portanto, seus truques, atalhos e descobertas podem ajudar você a dominar a arte da newsletter moderna.

PANO DE FUNDO: Jim e Mike fundaram a startup Politico em 2007 com John Harris, um amigo do *The Washington Post*. John e Jim eram os editores e Mike era um repórter incansável que coletava furos e lapidava a pouco conhecida marca dessa empresa em Washington.

- Todos os dias pela manhã, Mike mandava um e-mail para Jim e John com o assunto "Como podemos arrasar hoje". Era um esboço das matérias que o site deveria apurar naquele dia.

- O e-mail de Mike obedecia a um formato muito específico. Começava sempre com uma explosão de notícias ou insights – o Santo Graal do jornalismo "Conte-me algo que eu não sei".

Então ele pegava a melhor parte do assunto mais quente nos grandes jornais. Mike compartilhava o que uma fonte tinha dito a ele na noite anterior. Depois dizia aos leitores o que faria naquele dia. Normalmente encerrava com alguma coisa divertida.

- Esse arco continua sendo a espinha dorsal não só das duas newsletters diárias de Mike como também das mais de vinte newsletters da Axios.

Na época, não sabíamos que isso ia crescer *tanto*. Era só um resumo inteligente e informal que Mike enviava aos seus chefes. Até que um dia Harris conversou com Howard Wolfson, então assessor de Hillary Clinton, que disputava com Barack Obama a candidatura Democrata à presidência em 2008.

- Eles falavam sobre como estava indo a Politico quando Harris comentou: "Mikey me manda um e-mail ótimo todo dia de manhã, contando tudo o que está acontecendo." Wolfson perguntou: "Posso ler?" Harris disse: "Sim, claro."

Assim, a newsletter diária de Mike, que ajudou a impulsionar um setor enorme e duas startups, ganhou seu terceiro assinante – e se espalhou rapidamente entre Democratas e Republicanos. Nós a batizamos de *Politico Playbook*.

Em 2010, a *The New York Times Magazine* publicou uma matéria de capa sobre Mike.

O manual do Mike

- "Você não precisa fazer mais nada, basta ler Mike Allen", disse o lendário repórter do *The Washington Post*, Bob Woodward, no programa *Morning Joe*.
- Dan Pfeiffer, diretor de comunicações da Casa Branca durante o governo Obama, disse ao *Times* que Mike era o jornalista "mais poderoso" e "relevante" de Washington.
- E tudo isso por causa de uma newsletter.

POR TRÁS DA HISTÓRIA: Antes de descobrir o poder das newsletters, Mike era um repórter ativo e talentoso, mas nunca seria um Bob Woodward ou uma Doris Kearns Goodwin. Lapidar uma prosa graciosa ou fazer revelações bombásticas nunca foram a praia dele. Mike era muito melhor ao vivo do que teclando.

- E isso vale para a maioria de nós. A menos que seja um raro poeta solitário, você fala muito mais vividamente e com mais clareza do que escreve. A Brevidade Inteligente ajuda a desbloquear essa naturalidade. Ela fez isso por Mike, com ótimos resultados.

A newsletter *Politico Playbook*, que Mike escreveu por mais de nove anos, era despojada e articulada, e tinha um público invejável.

- Mas, quando olhamos para ela agora, parece uma enorme bagunça – exigia muito mais do seu público do que seria razoável. Tinha milhares de palavras, era apenas ligeiramente organizada e não dava nenhuma pista sobre o que realmente importava, e por quê. E ainda era como uma carta para um amigo – um amigo que provavelmente tinha bastante tempo livre.

Quando começamos a idealizar a Axios, Jim sugeriu impor uma disciplina a ela – apenas 10 tópicos, numerados, para dar uma ideia do que era importante antes de você começar o dia. Jim achava que não deveríamos simplesmente continuar com o *Playbook* sob uma nova marca – era melhor inventar um novo formato. E Mike precisava de amarras literárias.

Ele resistiu a princípio, argumentando que o público gostava da newsletter havia muito tempo.

Então experimentou a elegante interface que a Axios tinha desenvolvido, com uma cartela do tamanho de um iPhone para cada tópico. O efeito foi libertador para o autor e delicioso para o leitor. Cortou pela metade o número de palavras.

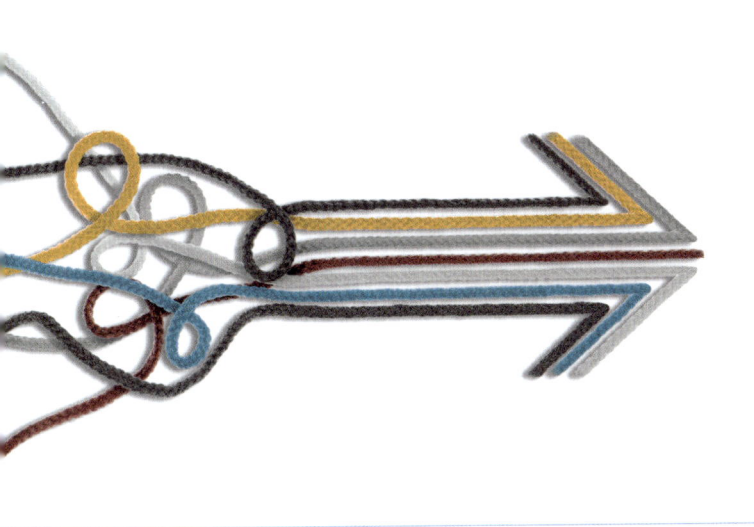

DICAS & TRUQUES DO MIKE

❶ Você é o chef.

Parte da *inteligência* da Brevidade Inteligente reside na seleção. Ao reduzir as opções para o leitor, você aumenta as chances de que ele tenha fome de mais conteúdo.

- **Escrever é como estar diante de um bufê, onde cabe a você escolher o que deseja.**

- **Não deixe seus leitores decidirem o que é importante! Você dominou seu conteúdo, aprimorou os conceitos e sabe o que importa. Então diga – e pare de cozinhar.**

❷ Brevidade é confiança.

Isso foi difícil para Mike, assim como é para você. Ele sentia que tinha muito a dizer e queria incluir tudo. Mas, uma vez que direcionou seu foco para o leitor, tudo mudou. E o número de palavras de seus textos caiu drasticamente.

- **Em um fim de semana de Páscoa, Mike estava com a família em um lugar com internet lenta, e não havia muita coisa acontecendo. Ele pensou: "É Páscoa – ninguém vai reclamar se a newsletter for mais curta." Então, em vez do "Mike's Top 10", ele mandou o "Mike's Big 6".**

- **Quando retomou o formato regular na segunda-feira, recebeu e-mails perguntando: "Como faço para me inscrever na versão Big 6?" Isso diz muito.**

❸ Ser altruísta traz vantagens egoístas.

Quando você começa a enxergar a si mesmo como alguém a serviço da audiência, as pessoas prestam atenção, retribuem, confiam em você, o recebem de braços abertos e leem ou escutam de verdade.

- **Pense no que *você* realmente lê. Viu? Então por que você empurraria *mais* do que isso para o seu público?**
- **Se as pessoas sabem que você é exigente, vão parar para ouvir quando você disser: "Preste atenção nisto *aqui*."**

❹ **Transforme em brincadeira.**

É muito divertido colocar seu texto na dieta. Quando está editando a newsletter de outra pessoa, Mike brinca de cortar palavras – às vezes centenas – e depois desafia o repórter a encontrar o que está faltando. Geralmente, ninguém consegue.

- **A Brevidade Inteligente é uma dieta de palavras. Nunca é fácil. Requer disciplina. Mas os resultados valem a pena.**

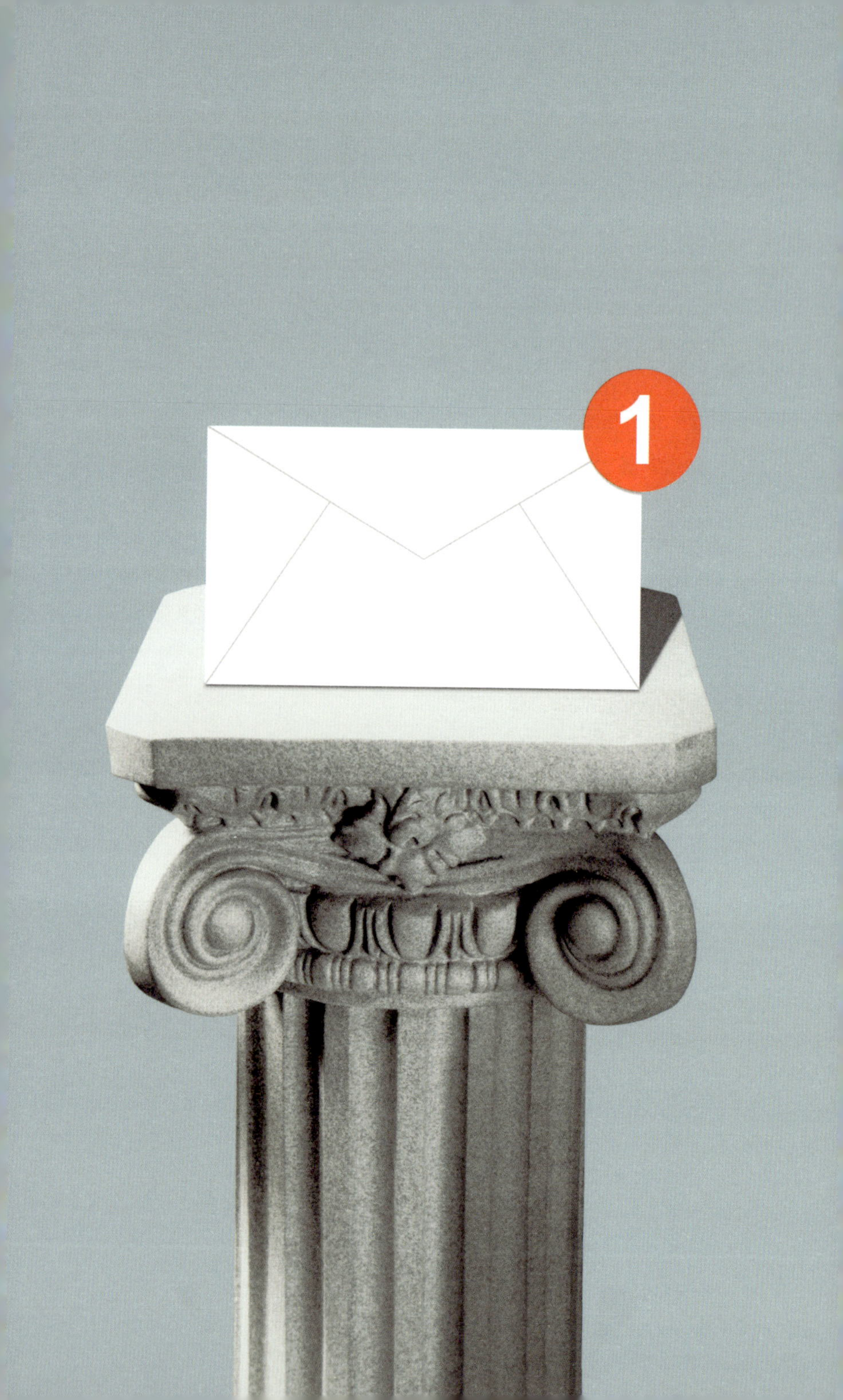
1

13

A arte da newsletter

CONTADOR BREVIDADE INTELIGENTE

| 790 PALAVRAS | 3 MINUTOS |

A arte da newsletter

Não há melhor forma de comunicar assuntos relevantes – e de levar as pessoas a prestar atenção neles – do que uma newsletter inteligente e vigorosa, redigida sob a orientação da Brevidade Inteligente.

POR QUE ISSO É IMPORTANTE: A popularidade das newsletters disparou no ambiente corporativo e no jornalismo porque elas organizam com eficiência temas complexos.

- Só o *The New York Times* oferece mais de 50 newsletters.
- Ao elaborar seu boletim informativo, você pode se tornar um herói em seu clube do livro, na turma do sexto ano, no grupo de voluntários, entre colegas e chefes do escritório – desde que o faça corretamente.

AS ENTRELINHAS: As pessoas odeiam memorandos, ignoram relatórios, não veem e-mails. Nós somos assim. Você também. Mas uma newsletter concisa, breve e inteligente, mesmo para uma pequena equipe de líderes ou um grupo de amigos, implora para ser lida, e pode até ser lida com prazer.

Dê um toque de sabor – GIFs, tirinhas, notícias pessoais, fotos da equipe. É uma ótima forma de ficar conhecido e fazer diferença de modo imediato.

O medo das pessoas de estar por fora pode ser seu aliado. Ninguém quer ser o único na equipe que não soube de um casamento que você anunciou no pé da sua newsletter semanal interna.

UMA QUESTÃO DE PALAVRAS

Elizabeth Lewis – diretora de comunicação de Steve Adler, prefeito de Austin, Texas – sonha com um mundo de pequenas pílulas de informação. Mas o chefe dela é o cara das palavras.

- "O prefeito prefere comunicados extensos, mas esse não é o mundo em que vivemos", diz ela. "Adotamos a Brevidade Inteligente para ajudar a nos conectar com as pessoas onde elas estão, do modo como elas consomem informação."

Por insistência dela, o prefeito começou a testar nosso método para se aproximar dos eleitores. Foi tamanho o sucesso que hoje Lewis usa a Brevidade Inteligente para fazer um resumo da reunião municipal que é impresso após cada sessão.

- "Os repórteres querem a apresentação mais objetiva possível", disse ela. "É assim que eles consomem informação. É assim que *eu* consumo. Gosto de saber que aquilo só vai tomar três minutos do meu tempo."

Lewis recebe tantos e-mails densos e obtusos que os compara com os problemas de matemática do ensino fundamental.

- Como escritora e leitora, ela nos agradece por ajudá-la a enxugar seus textos.

Lewis diz que tem um sonho: "Um mundo que escreva apenas em tópicos." Curiosamente, esse é o nosso sonho também.

DICAS & TRUQUES

❶ Dê um nome de uma ou duas palavras a sua newsletter.

Ele deve ser forte mas claro, e sintetizar seu propósito e o espírito da comunicação.

❷ Não desperdice tempo.

Informe ao leitor quanto tempo ele levará para ler aquele conteúdo.

- **Uma pessoa lê em média 265 palavras por minuto – número que usamos neste livro para calcular o tempo de leitura. Faça suas contas.**

❸ Aposte alto.

Seu primeiro tópico deve ser "A informação número 1". Comece sua manchete com isso, para sinalizar que é a coisa mais importante que está acontecendo. A seguir, use uma chamada breve e potente.

- **Exemplo: "A informação número 1: Vamos vender a empresa."**

❹ Não faça bagunça.

O primeiro grande erro que muitas pessoas cometem é não dar atenção à fonte, ao tamanho do texto e ao layout para garantir que o conjunto seja agradável aos olhos. Não seja uma dessas pessoas.

❺ A seguir, escreva mais alguns itens, por ordem de importância.

- **Certifique-se de que todos os tópicos sejam mesmo essenciais, aumentando a chance de que os leitores prestem atenção nas poucas coisas que são realmente importantes.**

❻ Numere seus tópicos e verifique o tamanho.

Saber o que está por vir e o tempo necessário para ler ajuda a acalmar a cabeça do leitor.

- **Diga quantos tópicos há a seguir. O ideal é de cinco a dez – qualquer coisa além disso vira um livro, não uma newsletter.**
- **Qualquer coisa além de 1.200 palavras é muito. Abaixo de 1.000 é o ideal. Corte.**

❼ Capture a minha atenção. Me provoque.

Escolha uma imagem ou uma foto bacana e relevante. Não coloque uma foto panorâmica da cidade se a informação número 1 é a venda da empresa.

❽ Concisão, sempre.

Escreva no máximo 200 palavras para cada tópico. Isso demonstra respeito pelo tempo do leitor.

- **Nossas pesquisas mostram uma queda acentuada na taxa de leitura após 200 palavras. Se necessário, forneça links de relatórios, matérias ou sites, de modo a permitir ao leitor "ir mais fundo".**

❾ Me faça sorrir.

Encerre com algo engraçado ou pessoal.

- **Às vezes usamos "1 coisa divertida" ou "1 sorriso antes de ir" na chamada.**

❿ Um gráfico simples ou uma imagem que fale POR SI SÓ é ouro puro.

Axios AM

Digite o seu e-mail   Assinar →

6 de abril de 2022

Mike Allen

Boa quarta-feira! Contagem Brevidade Inteligente™ de hoje: 1.182 palavras – 4½ minutos. Editado por Zachary Basu.

🚩 **Fique atento** às novas sanções do Ocidente sobre a Rússia a serem anunciadas hoje.

Dois mestres: Jonathan Swan entrevista o líder do Partido Republicano no Senado Mitch McConnell no palco **amanhã**, às 8:30 da manhã da Costa Leste. *Registre-se aqui para assistir ao vivo (D.C.) ou pela internet.*

A informação nº 1: A nova força trabalhista

Ilustração: Lazaro Gamio/Axios

A vitória histórica dos funcionários da Amazon na semana passada em Nova York pode acabar alavancando o crescimento dos sindicatos ao redor de todo o país após décadas de declínio, escreve a coautora do Axios Markets Emily Peck.

- **Por que isso importa:** O vigor renovado do sindicalismo vem no momento em que um mercado de trabalho estrangulado empodera os trabalhadores de um modo que parecia impossível.

Uma impressionante confluência de fatores – que incluem uma Casa Branca trabalhista, uma pandemia como não se via há um século e um mercado de trabalho superestrangulado – ajudou os funcionários da Amazon em Staten Island a conquistar uma vitória sindical do tipo Davi contra Golias, com quase nenhuma concessão da parte do sindicalismo institucional tradicional.

- **"Deixou todos os** nossos membros e líderes em polvorosa", disse Mary Kay Henry, presidente do Service Employees International Union (SEIU), com 2 milhões de membros.
- **Os organizadores da ação** em Staten Island dizem ter sido contactados por funcionários de outros 50 polos da Amazon nos EUA.

As entrelinhas: A vitória é uma advertência aos sindicatos tradicionais, que fracassaram em seus esforços de sindicalizar as filiais da Amazon.

🎱 **O que vem por aí:** Outros empregadores de grande porte estão ansiosos em relação ao impacto disso sobre eles.

- **O CEO da Starbucks, Howard Schultz,** disse em uma convenção de funcionários que as empresas estão "sendo atacadas, de diversas formas, por causa do risco de sindicalização".

A Amazon disse, em um comunicado sobre a votação em Staten Island: "[Nós] acreditamos que ter uma relação direta com a empresa é o melhor para os nossos funcionários. Estamos estudando nossas opções, inclusive entrar com um recurso."

- *Compartilhar esta matéria.*

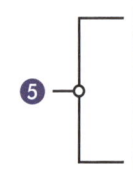

4. 📷 1.000 palavras

Foto: Chip Somodevilla/Getty Images

A vice-presidente Harris, o presidente Biden e o ex-presidente Obama compareceram ontem a um evento no Salão Leste para celebrar os 12 anos da aprovação do Affordable Care Act.

- **Foi a primeira vez que Obama** esteve na Casa Branca desde que deixou o cargo, há mais de 5 anos.

"Confesso que ouvi que algumas mudanças haviam sido feitas *[risos]* pelo atual presidente desde a minha saída", disse Obama no começo de seu discurso.

- **"Aparentemente,** os agentes do Serviço Secreto têm que usar óculos Aviador agora. *[Risos].* A cozinha presidencial foi substituída pela Baskin-Robbins."

Obama acrescentou: "Eu tive que usar gravata, algo que faço com muita raridade atualmente."

- Leia os comentários.

5. 🏙 Algo de bom na Baía de São Francisco

As 25 metrópoles mais dinâmicas dos EUA

Segundo o relatório "Most Dynamic Metros", da Heartland Forward, 2021

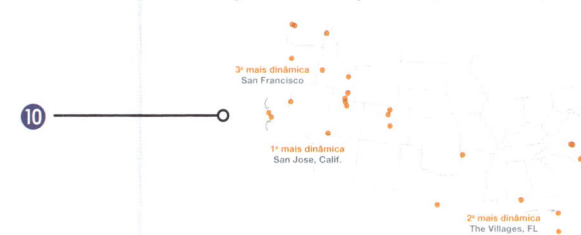

3ª mais dinâmica
San Francisco

1ª mais dinâmica
San Jose, Calif.

2ª mais dinâmica
The Villages, FL

Dados: relatório "Most Dynamic Metros", da Heartland Forward. Mapa: Baidi Wang/Axios

Já falamos sobre o êxodo de pessoas da Baía de São Francisco nestes tempos de trabalho remoto. Mas um novo relatório nos leva a lembrar por que tantas gigantes e tantos trabalhadores permanecem.

As metrópoles mais dinâmicas em termos econômicos possuem uma indústria diversificada, uma mistura de empresas tradicionais e jovens, e opções de diversão, escreve Worth Sparkman, do Axios Northwest Akansas, a partir de um relatório da Heartland Forward.

- **O índice se baseia em** um "recente crescimento da taxa de empregos, aumento dos salários e crescimento do PIB, bem como em duas métricas de empreendedorismo (a densidade das atividades econômicas mais recentes [...] e a densidade de

- Uma coisa importante
- Por que isso é importante
- As entrelinhas
- Moral da história
- Para ir mais fundo

14

Seja ouvido no trabalho

CONTADOR BREVIDADE
INTELIGENTE

| 1260 | 5 |
| PALAVRAS | MINUTOS |

Seja ouvido no trabalho

Em nenhum lugar a Brevidade Inteligente é mais proveitosa e essencial do que no trabalho.

POR QUE ISSO É IMPORTANTE: Você pode melhorar radicalmente seu desempenho e se destacar, independentemente do seu cargo, ao levar eficiência às comunicações corporativas.

- Gestores e colegas vão notar e recompensar você por torná-los pessoas mais bem-informadas e por poupar o tempo deles.
- Isso lhe dará uma grande vantagem profissional, porque a maioria das pessoas é péssima em se comunicar de maneira inteligente no trabalho.

PANORAMA GERAL: O mundo do trabalho está passando por uma grande revolução que vai mudar para sempre a forma como as pessoas agem e interagem. Foi-se o tempo em que equipes hierarquizadas e cheias de segredos comandavam funcionários submissos em escritórios tradicionais.

Vivemos o despertar de profissionais idealistas que exigem transparência e sentido no trabalho. A cultura está se tornando tão importante quanto a estratégia ou a execução.

- As comunicações serão a linha de frente dessa revolução. Aqueles que se comunicarem de maneira nítida, autêntica e franca vencerão. Os que se apegarem aos caminhos estreitos e atulhados do passado ficarão para trás.

Conversamos com CEOs e líderes à frente das menores startups e de empresas do topo da Fortune 500. Todos parecem sentir o mesmo que você provavelmente sente – estão soterrados em pilhas de e-mails não lidos, mensagens baixadas e não vistas, memorandos tortuosos ou comunicados corporativos longos e chatos demais para merecer atenção.

- Isso paralisa e confunde. Muitas empresas acham difícil perceber o que é mais importante justo no momento em que vários colaboradores estão trabalhando remotamente.

A Gallup, que faz pesquisas desde a década de 1930, descobriu que duas coisas levam as pessoas a se sentir bem no trabalho e permanecer nele: relacionamentos próximos com colegas e engajamento.

- Entre os que se sentem desmotivados no trabalho, 74% estão buscando ativamente outro emprego. E estão dispostos a aceitar *qualquer* aumento de salário – às vezes, até mesmo uma redução em troca de uma mudança de cenário, se surgir uma oportunidade.

Isso não vai melhorar. Jon Clifton, CEO da Gallup, disse no segundo semestre de 2021 que apenas 30% dos funcionários querem voltar ao escritório em tempo integral. Entre os que não querem voltar, a maioria diz que prefere mudar de emprego, mesmo ganhando menos, se for obrigatório retomar o presencial.

Isso representa uma grande oportunidade para aqueles que aprenderem a se comunicar de maneira envolvente e direta, independentemente do cargo. Com base em sua pesquisa "Barômetro de Confiança", feita

Seja ouvido no trabalho

no mundo inteiro, a empresa de comunicação global Edelman concluiu, em um relatório de 2021 chamado *The Belief-Driven Employee* (O funcionário movido a crenças), que o empoderamento pessoal e o impacto social estão se tornando tão importantes para as pessoas quanto promoções e aumentos. Impressionantes 61% dos entrevistados disseram que aceitariam ou rejeitariam uma oferta de emprego com base em questões sociais.

Hoje, comunicar os valores de uma empresa é essencial para atrair e reter os melhores talentos. Assim, fazer atualizações semanais de cada departamento, projeto ou equipe ajuda a:

- Alinhar as pessoas em torno de valores, estratégias e uma cultura comum.
- Articular diversidade, inclusão, planos de recompensas e progresso.
- Organizar as tarefas mais importantes a serem realizadas, priorizando as mais urgentes.
- Informar os demais sobre progressos ou mudanças e manter os clientes totalmente conectados.
- Manter um arquivo vivo das decisões e dos planejamentos estratégicos essenciais.

Nossa pesquisa interna com usuários do nosso sistema aponta melhorias substanciais em todas essas áreas após a adoção dos conceitos de Brevidade Inteligente e a plena adaptação a eles.

DICAS & TRUQUES

❶ Em mensagens, memorandos ou e-mails:

Aplique a Brevidade Inteligente aos seus informes essenciais. Isso trará uniformidade e singularidade aos seus comunicados.

❷ Em sua gestão:

Se você gerencia pessoas, envie informes semanais em newsletters inteligentes e concisas (veja o capítulo 13). Estimule seus subordinados diretos a fazerem o mesmo.

- **Um comunicado enviado no domingo ou na segunda cedinho ajuda a alinhar as pessoas para a semana por vir.**
- **Dados mostram que enviar os comunicados pela manhã maximiza as taxas de abertura.**

❸ Em suas apresentações:

PowerPoints são um viveiro de poluição e tortura visuais. As pessoas sufocam suas ideias ou propostas com artes de baixa qualidade e uma torrente de palavras, depois repetem o mesmo em uma dúzia de slides ou mais. Uma solução rápida:

- **Comece a apresentação com sua grande ideia, aplicando os truques do capítulo 6 para torná-la mais atraente.**
- **Cada ponto que você apresentar nos slides subsequentes deve ter um título impactante e, a seguir, alguns tópicos com UMA frase bem curta. Regra de ouro: se houver mais de 20 palavras em um slide, tente de novo.**
- **Mantenha o layout limpo, simples e relevante (veja o capítulo 20).**
- **Prepare no máximo seis slides.**
- **Termine onde começou, reafirmando sua Grande Ideia. Então pare.**

SEJA UM HERÓI

Geoff Morrell, ex-chefe de comunicações da gigante petrolífera BP, foi a primeira pessoa a levar a Brevidade Inteligente para dentro de uma grande empresa.

POR QUE ISSO É IMPORTANTE: O rápido sucesso de Morrell nos mostrou como se destacar em seu escritório, escola ou bairro — e remodelar a forma como as pessoas se comunicam. Também nos inspirou a escrever este manual.

PANO DE FUNDO: Antes da BP, Morrell trabalhou no Pentágono como assessor do Secretário de Defesa Bob Gates. Ele se lembra de longos memorandos com um breve resumo no topo, identificado como "BLUF" — sigla de "Bottom Line Up Front" ["O principal antes de tudo", em tradução livre] —, a versão militar da nossa técnica de concisão. Todos liam o "BLUF". Poucos liam o memorando inteiro.

Morrell queria ter o próprio BLUF. Então perguntou se poderíamos ensinar a Brevidade Inteligente a ele e a sua equipe.

Ele primeiro criou uma newsletter interna para alinhar a gestão, que logo se espalhou por toda a empresa. E a batizou de *ITK*, sigla de *In the Know* [Por dentro].

- Formamos mais de 500 comunicadores da BP em todo o mundo. Hoje eles estruturam os principais aspectos de suas mensagens internas e externas com base nessa filosofia. As taxas de abertura dispararam — e líderes de vários países se transformaram em entusiastas da comunicação breve e eficaz.

DICAS & TRUQUES DE MORRELL PARA COMUNICADORES

1. É POSSÍVEL ENSINAR A BREVIDADE INTELIGENTE. Morrell recomenda que se use um verbo na voz ativa em cada tópico.

2. A BREVIDADE INTELIGENTE OBRIGA VOCÊ A ESCREVER COMO UMA PESSOA NORMAL. Morrell ficou impressionado ao ver que trocamos mensagens de texto com frases curtas e objetivas que o destinatário capta instantaneamente. No entanto, nossos textos corporativos são confusos e cansativos.

3. A BREVIDADE INTELIGENTE PODE SER BACANA. Morrell se tornou um herói para outros executivos, que viram os resultados dele e quiseram ser pioneiros em ensinar a técnica a suas equipes. Chris Reynolds, o primeiro autor da *ITK*, tornou-se uma celebridade. Pessoas de toda a empresa vão até ele para pedir dicas e truques para se comunicarem melhor.

4. A CONCISÃO É CONTAGIOSA. A mágica logo foi além da *ITK* e dos funcionários cujo trabalho era comunicar. Morrell começou a ver memorandos internos estruturados como "3 coisas que você precisa saber". Relatórios de pesquisa sobre temas complexos, que no passado nunca eram lidos, agora chegavam em formato breve e inteligente. Morrell usou isso para fornecer pontos de discussão sobre a empresa a ex-funcionários e outros parceiros da BP.

5. A BREVIDADE INTELIGENTE É VERSÁTIL. Hoje é possível vê-la nas avaliações de desempenho da empresa e até mesmo em briefings de segurança.

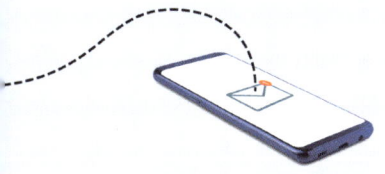

F11

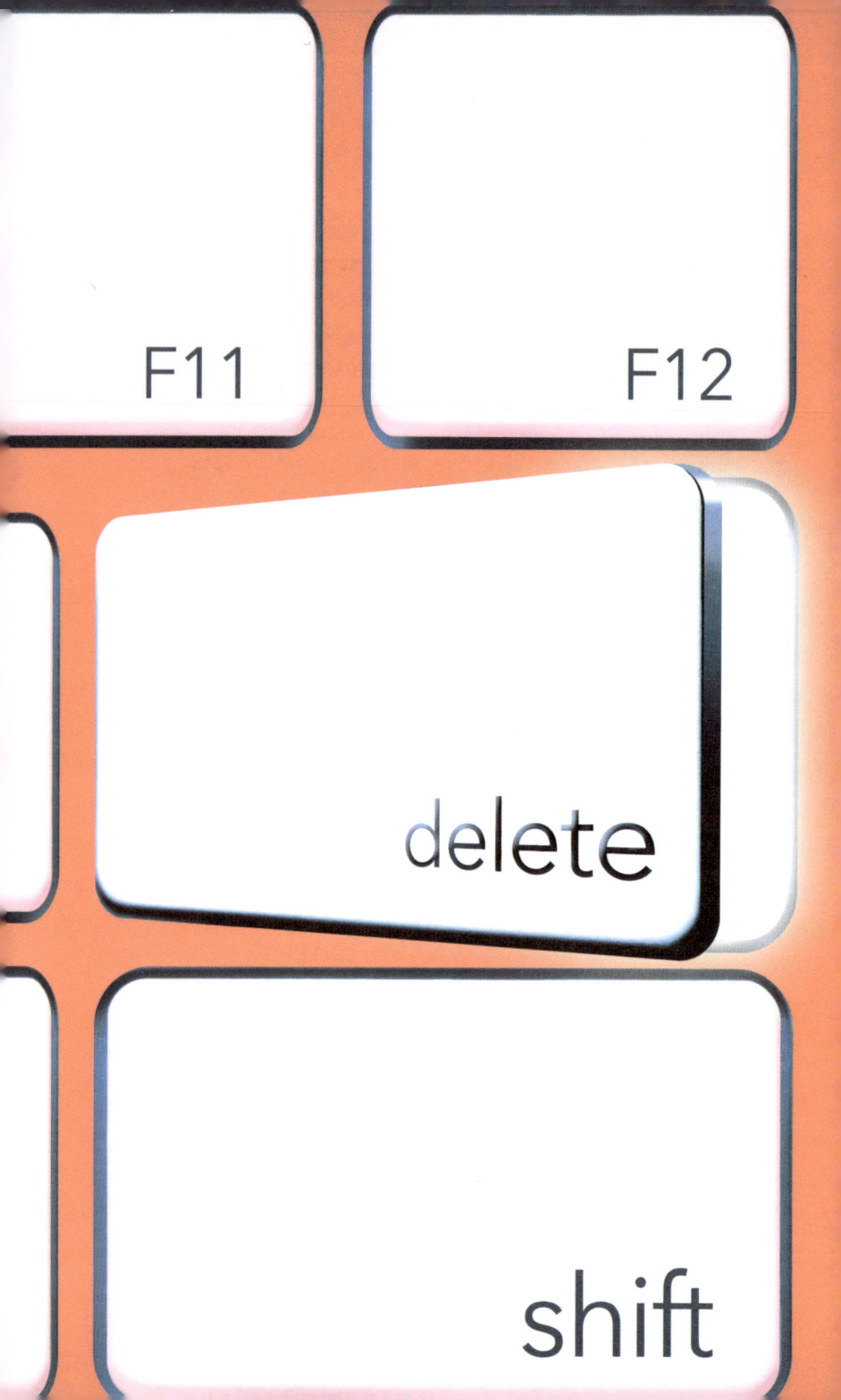

F12

delete

shift

15

Brevidade Inteligente nos e-mails

CONTADOR BREVIDADE
INTELIGENTE

| 1360 | 5 |
| PALAVRAS | MINUTOS |

Brevidade Inteligente nos e-mails

Em uma pesquisa exclusiva para este livro, a Gallup descobriu que 70% dos funcionários querem receber comunicações mais curtas no trabalho.

(Para "ir mais fundo" nas descobertas da Gallup, visite SmartBrevity.com)

POR QUE ISSO É IMPORTANTE: Apenas metade dos funcionários relatou ler mensagens dos *próprios líderes*. A outra metade descarta ou ignora o que recebe, segundo os dados da pesquisa.

- A maioria das pessoas escreve e-mails como quem diz "Me ignore". Mas você pode estimulá-las a ler sua mensagem mais rápido ou passar os olhos por ela com mais eficiência se usar a Brevidade Inteligente antes de clicar em Enviar.

- Essa é a maneira mais fácil de vencer a guerra pela atenção no ambiente corporativo. Cal Newport, um especialista em eficiência corporativa da Universidade Georgetown, escreveu em *A World without Email* (*Um mundo sem e-mails*) que o fluxo para o usuário corporativo médio aumentou de 50 e-mails por dia em 2005 para 126 em 2019. Portanto, há uma urgência feroz em aprimorar esse ponto.

E-MAIL DO JEITO CERTO: Eis o exemplo de um e-mail que Dominique Taylor, nosso diretor de pessoal, e Claire Kennedy, nossa vice-presidente de operações de pessoal, escreveram para nós.

- Observe como eles apresentam detalhes vitais de uma forma atraente.

Nova mensagem _ ⁄ ×

Para: CC CCO

Assunto: **PEDIDO DE NOVA CONTRATAÇÃO (URGENTE!)**

Trabalhando para otimizar as estruturas da equipe de Operações de Pessoal para Mídias e HQ, constatamos que é preciso criar o novo cargo de Diretor de Gestão de Talentos na equipe de mídias o mais rápido possível.

POR QUE ISSO É IMPORTANTE: Teremos mais de 400 funcionários até o fim do ano, o que está bem acima de nossas projeções originais e das previsões revistas.

- Atualmente, estamos apenas tapando buracos na equipe de Gestão de Talentos. Precisamos de mais potência para apoiar o volume de crescimento atual e projetado, especialmente neste ambiente híbrido.
- Temos que fazer o possível para integrar novos funcionários e engajar os atuais, a fim de evitar o aumento da rotatividade.

COMO FUNCIONARIA: Eis um organograma para a estrutura da equipe de mídias, já com a nova função:

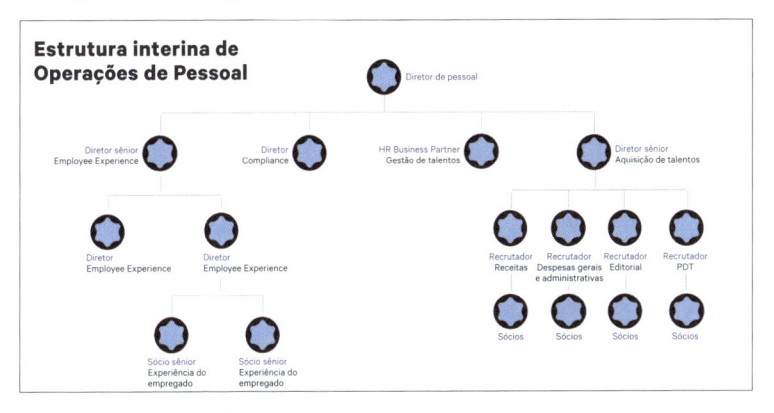

Estrutura interina de Operações de Pessoal

- Diretor de pessoal
  - Diretor sênior Employee Experience
    - Diretor Employee Experience
    - Diretor Employee Experience
      - Sócio sênior Experiência do empregado
      - Sócio sênior Experiência do empregado
  - Diretor Compliance
  - HR Business Partner Gestão de talentos
  - Diretor sênior Aquisição de talentos
    - Recrutador Receitas
      - Sócios
    - Recrutador Despesas gerais e administrativas
      - Sócios
    - Recrutador Editorial
      - Sócios
    - Recrutador PDT
      - Sócios

O QUE VEM POR AÍ: Claire estará de férias de 17 a 29/9, então queremos bater o martelo nessas decisões esta semana.

Obrigado,
Dominique & Claire

Enviar

DICAS & TRUQUES

❶ E-mails ruins começam com campos de assunto fracos. O texto deve ser curto, direto, urgente.

O exemplo anterior me diz por que preciso abrir o e-mail JÁ.

❷ A notícia ou o pedido vem na primeira frase, sempre.

Faça com que as pessoas sintam que É IMPRESCINDÍVEL continuar a ler.

❸ Dê aos destinatários o contexto "Por que isso é importante".

Numa mensagem de e-mail, isso gera uma estrutura replicável para fornecer os dados complementares na sequência.

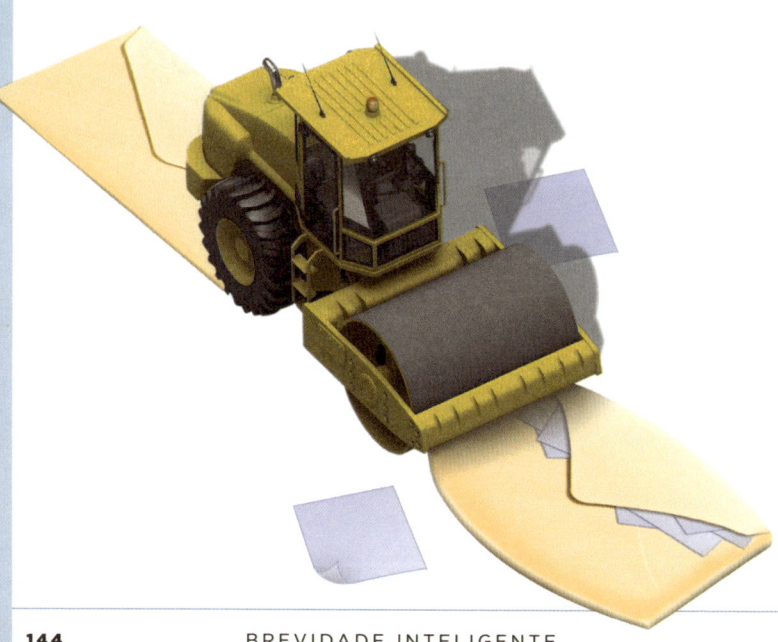

❹ Tópicos facilitam a vida tanto de leitores que só passam os olhos quanto a dos atentos, pois ajudam a captar os dados ou argumentos mais importantes.

❺ Coloque em negrito palavras, cifras ou pessoas que você queira destacar – é o chamariz perfeito para os leitores dispersos.

❻ Layouts limpos e intuitivos ajudam a destacar ou dar vida a questões importantes.

Brevidade Inteligente nos e-mails

EXEMPLO Nº 1

Antes da Brevidade Inteligente

Nova mensagem

Para: CC CCO

Assunto: Treinamento em Brevidade Inteligente

Ei, equipe,

Realizamos nossa sessão inaugural de Brevidade Inteligente na sexta-feira, 31 de janeiro de 2020, e acabou sendo um grande sucesso. Esse evento específico foi gratuito e esteve disponível aos nossos clientes interessados em renovar o seu atual processo de comunicação interna. Para essa sessão, convidamos 16 profissionais de vários departamentos de 6 organizações diferentes, e os 16 compareceram.

A sessão de treinamento durou 3 horas e meia e consistiu em 1 hora de treinamento básico e 2 horas e meia de workshop. Realizamos dois exercícios de redação com nossa ferramenta para ajudar esses profissionais a se familiarizarem com o modelo de redação de newsletter. Recebemos ótimos comentários sobre o que está funcionando e o que podemos melhorar. Eis um pouco do que ouvimos:

"Gostei muito das atividades do workshop porque me ajudaram a praticar as dicas que aprendi na hora. No futuro, pode ser útil mostrar como a Brevidade Inteligente se aplica a outras comunicações cotidianas, como e-mail e redes sociais."

Depois de debater um pouco mais com os participantes sobre o nosso case e sobre como usamos a ferramenta internamente na Axios, vários manifestaram interesse em que mais membros de sua equipe começassem a usar esse estilo. Entraremos em contato com todos na próxima semana para fortalecer nosso relacionamento e fazer progressos.

Estou aberto a qualquer dúvida que vocês possam ter sobre este assunto.

Enviar

Depois da Brevidade Inteligente

Nova mensagem

Para: CC CCO

Assunto: **A BREVIDADE INTELIGENTE SE ESPALHA ALÉM DA AXIOS**

Ei, equipe,

Na sexta-feira tivemos a sessão inaugural de Brevidade Inteligente, um curso gratuito para ajudar os clientes interessados em dominar nosso estilo.

POR QUE ISSO É IMPORTANTE: Eles entenderam rapidamente e vários perguntaram se poderiam levar nosso treinamento interno para outros colegas aprenderem.

OS NÚMEROS:
- **16 profissionais se juntaram a nós**
- **6 organizações estiveram presentes**
- **3 horas e meia de treinamento voaram**
- **2 exercícios de redação foram feitos com a nossa ferramenta**

O QUE OUVIMOS: "Gostei muito das atividades do workshop porque me ajudaram a praticar as dicas que aprendi na hora. No futuro, pode ser útil mostrar como a Brevidade Inteligente se aplica a outras comunicações cotidianas, como e-mail e redes sociais."

O QUE VEM POR AÍ: Faremos o acompanhamento de cada um deles na semana que vem para fortalecer esses relacionamentos.

Enviar

Brevidade Inteligente nos e-mails

EXEMPLO Nº 2

Antes da Brevidade Inteligente
(repare como o texto ultrapassa o tamanho da tela)

Nova mensagem

Para: CC CCO

Assunto: **Atualizações da política do Expensify!**

Olá a todos,

Fizemos a transição oficial para nosso novo sistema de contabilidade (Sage-Intacct), e essa mudança também terá impactos no Expensify 🎉. Você deve ter visto os e-mails do Expensify indicando que você foi adicionado à nossa nova política, que permite que os relatórios de despesas sejam sincronizados com nosso sistema de contabilidade.

Por favor, passe a comunicar despesas de acordo com a nova "Política de Despesas Axios". Isso permite que os gerentes e o financeiro aprovem relatórios para reembolso e você receba o pagamento. Deve ser definido como padrão.

Em anexo está a nossa edição especial do PowerPoint de reimplementação do Expensify abordando algumas atualizações gerais de boas práticas e mais detalhes das alterações, que são as seguintes:

- Departamentos agora estão no campo "Departamentos", em vez de "Classe".
- Classe/Projetos (Slide 7) são para marcar iniciativas de toda a empresa, bem como projetos e gastos de equipe.

Isso permite que a empresa acompanhe melhor os gastos de cada iniciativa específica para ver se estamos no caminho certo em alguns de nossos objetivos específicos. Associar suas despesas às iniciativas aplicáveis ajudará a dar mais precisão ao orçamento para esses projetos específicos.

A linha de negócios (Slide 8) é para associar aos custos de nossas três linhas de negócios. Esse campo é obrigatório.

Com a atualização para o novo sistema, agora podemos fazer relatórios financeiros com eficiência e associados a cada linha de negócios. Isso permite que a empresa avalie melhor o desempenho de diferentes linhas de negócios em relação às metas.

Sabemos que é bastante coisa, então também faremos uma apresentação presencial no início de fevereiro, durante a reunião geral. Poderemos responder às suas perguntas ao vivo. Enquanto isso, sinta-se à vontade para usar o Slack/enviar um e-mail para qualquer pessoa do setor financeiro se tiver dúvidas.

Estamos aqui para ajudar!

Enviar

Depois da Brevidade Inteligente

Nova mensagem

Para: CC CCO

Assunto: **Novos passos para comunicar despesas**

Olá a todos,

Estamos trocando nosso sistema de contabilidade para ajudar a equipe financeira a trabalhar mais rápido.

UMA AÇÃO NECESSÁRIA: Antes de criar seu próximo relatório de despesas, você precisará mudar suas configurações do Expensify para "Política de Despesas Axios". Veja como:

1. Faça login no Expensify.
2. Clique na sua imagem de perfil.
3. Marque "Política de Despesas Axios".

PARA QUALQUER RELATÓRIO EM ANDAMENTO você precisará atualizar suas configurações:
1. Clique em "Relatórios" na barra à esquerda.
2. Selecione o relatório e clique em "Detalhes".
3. No menu "Políticas", escolha "Política de Despesas Axios".

O QUE VEM POR AÍ: A atualização traz outras melhorias, como novos campos de despesas que você precisará usar – vamos tratar disso tudo em uma reunião geral no início de fevereiro.

- Enquanto isso, consulte o PowerPoint em anexo para ver um resumo rápido. Sinta-se à vontade para me enviar um Slack com qualquer dúvida.

Enviar

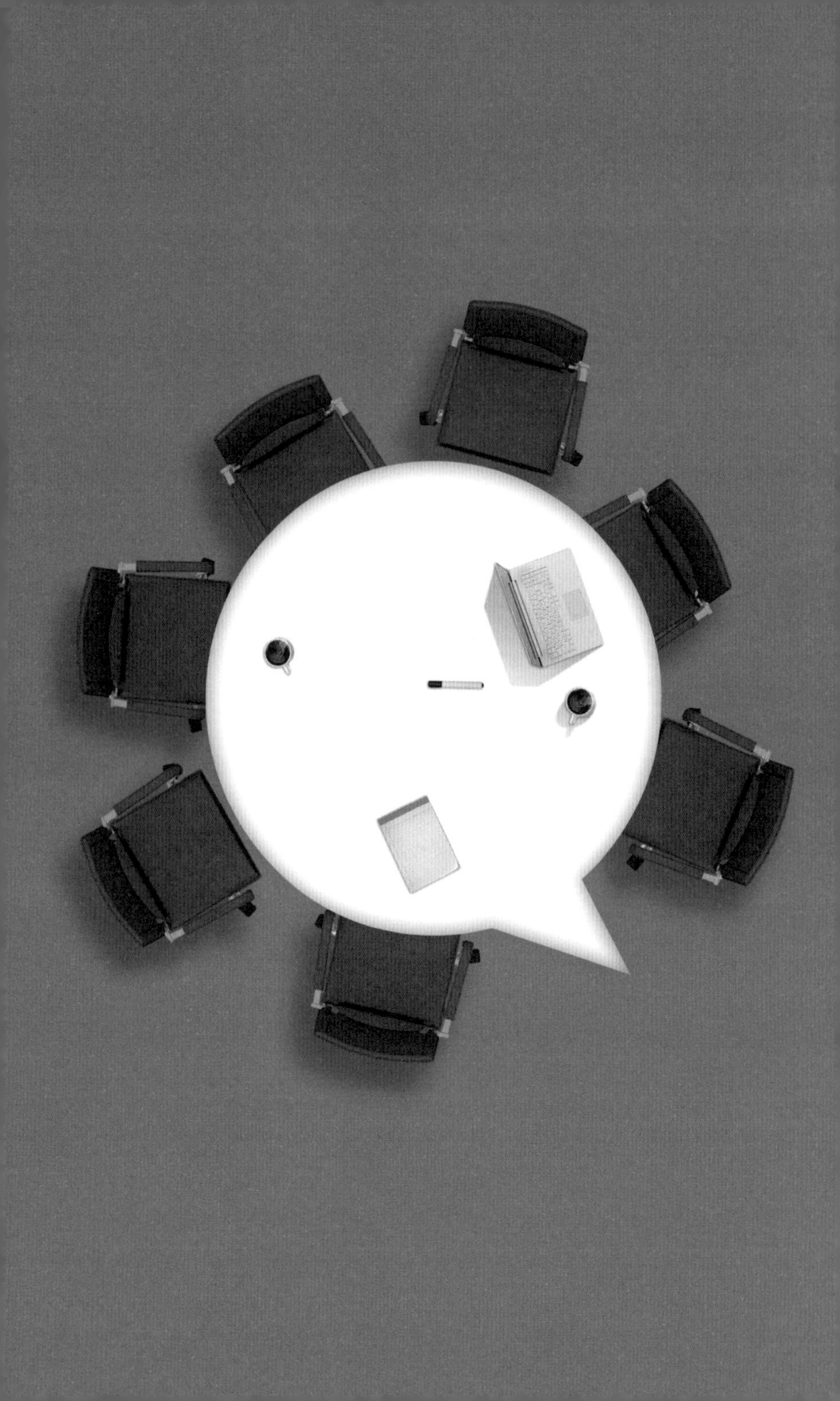

16

Brevidade Inteligente nas reuniões

CONTADOR BREVIDADE
INTELIGENTE

| 830 PALAVRAS | 3 MINUTOS |

Brevidade Inteligente nas reuniões

Pense em todas as horas irrecuperáveis que você passou em reuniões demoradas, dispersas e inúteis.

POR QUE ISSO É IMPORTANTE: Você pode transformar a cultura e o desempenho de sua equipe adicionando inteligência e concisão a reuniões mais curtas. Destaque-se como alguém que valoriza o tempo dos outros e tem algo importante a dizer.

- O primeiro passo é aprender, de fato, a fazer reuniões. Três em cada quatro pessoas não receberam nenhum treinamento sobre isso. Não admira que tantas reuniões sejam péssimas.

- Os outros são como você: 90% admitem devanear e 72% fazem outros trabalhos durante as reuniões (*HBR Design Thinking*).

- Use os princípios deste capítulo para garantir coerência, definir uma direção clara e obter melhores resultados.

ESPETÁCULO PRÉ-JOGO: Em geral, a qualidade da reunião é determinada antes de começar.

- Parece bobagem, mas certifique-se de que a reunião é realmente necessária. Se precisar de privacidade ou muita franqueza, talvez seja melhor ter conversas individuais.

- A pessoa que convoca a reunião deve ser responsável por definir um objetivo (uma frase direta) e uma pauta (três tópicos no máximo) por e-mail antes da reunião.

- Tente fazer isso na véspera. Assim, mesmo os participantes mais atolados de trabalho terão tempo para pensar.

- Jeff Bezos leva isso ao extremo. Ele tem uma cisma: acha que apresentações em PowerPoint em reuniões tendem mais a confundir do que esclarecer. "Em vez disso criamos informes de seis páginas com uma estrutura narrativa", disse ele em uma carta aos acionistas. "Fazemos uma leitura silenciosa no início de cada reunião, em uma espécie de 'sala de estudos'."

- Seis frases inteligentes bastam!

- Se possível, descreva as decisões ou ações específicas a tomar ou adotar.

Brevidade Inteligente nas reuniões

Durante a reunião:

1. Defina um limite de tempo: Se conduzidas do jeito certo, 20 minutos bastam. A maioria das pessoas marca automaticamente reuniões de 30 minutos ou mais, independentemente do assunto. Mude essa cultura no seu negócio e você vai brilhar.

- A abordagem do Slack parece inteligente: 25 ou 50 minutos. Assim, caso haja duas reuniões em seguida, você não se atrasa para a segunda. Talvez até dê tempo para um café.
- Experimente fazer microrreuniões (5 a 10 minutos). Não há leis ou teorias que obriguem a prolongar reuniões além do necessário.

2. Abra a reunião com a frase que você enviou por e-mail apresentando o objetivo. Isso traz à tona o principal motivo da reunião: o que precisa ser resolvido ou debatido?

3. Na segunda frase, explique "Por que isso é importante" para aquele grupo específico nesse momento específico. As pessoas estão atarefadas, muitas vezes mudando de assunto rapidamente de uma reunião para outra. Lembre a elas por que estão ali.

4. Em seguida, diga claramente quais decisões precisam ser tomadas. Você vai voltar a elas no final, com seus atalhos.

5. Conduza o debate em um tom que mantenha o foco e a eficiência. Pense nisso como uma pressão saudável entre colegas. Se alguém começar a "viajar", corte com um sorriso: "Fora da pauta!" Um gesto bem-humorado pode aliviar a reprimenda.

6. Seja inclusivo. Muitas vezes, as pessoas mais quietas têm as coisas mais inteligentes a dizer. Peça aos que estão em silêncio que compartilhem suas opiniões. No mínimo, eles vão apreciar o pedido.

7. Quando faltarem 2 minutos, encerre a discussão. Liste as conclusões e detalhe os passos seguintes. Diga à equipe que você vai mandar um e-mail resumindo tudo antes do fim do dia.

Depois da reunião:

- Enquanto tudo ainda está fresco na sua cabeça, envie ao grupo um e-mail rápido com uma lista de *follow-ups* organizados em tópicos.

- Descobrimos que esses e-mails geralmente estimulam as pessoas a acrescentar pontos em que pensaram após a reunião – às vezes evitando que haja mais uma reunião.

Brevidade Inteligente nas reuniões

O jeito errado:

- Bate-papo e troca de gentilezas costumam ser o prêmio de quem chega cedo. (Ou a punição, dependendo de quanto você aprecia interações sociais.) Se chega a hora da reunião e você ainda está falando sobre o almoço ou o fim de semana, isso sinaliza para o grupo de pessoas atarefadas que aquela reunião, afinal, não é tão importante assim. Então por que você a convocou?

- Pessoas de mais, assuntos de mais, tempo de mais. É improvável que os colegas digam isso ao infeliz que convocou a reunião. Mas eles reparam – e se lembram.

O jeito certo:

- **ALIMENTE A CULTURA DE COMEÇAR NA HORA MARCADA.** Na primeira semana depois de o presidente George W. Bush se mudar para a Casa Branca, em 2001, Karl Rove – que detinha o máximo de influência que um assessor poderia ter – estava atrasado para uma reunião no Salão Oval. O presidente mandou outro assessor trancar a porta. Rove nunca mais se atrasou.

- **AGRADEÇA ÀS PESSOAS POR CHEGAREM NO HORÁRIO.** (Trancar ou não a porta é com você.) Durante o restante da reunião, você demonstra segurança e credibilidade.

- **ATRIBUA RESPONSABILIDADES.** Deixe claro quem fará o quê.

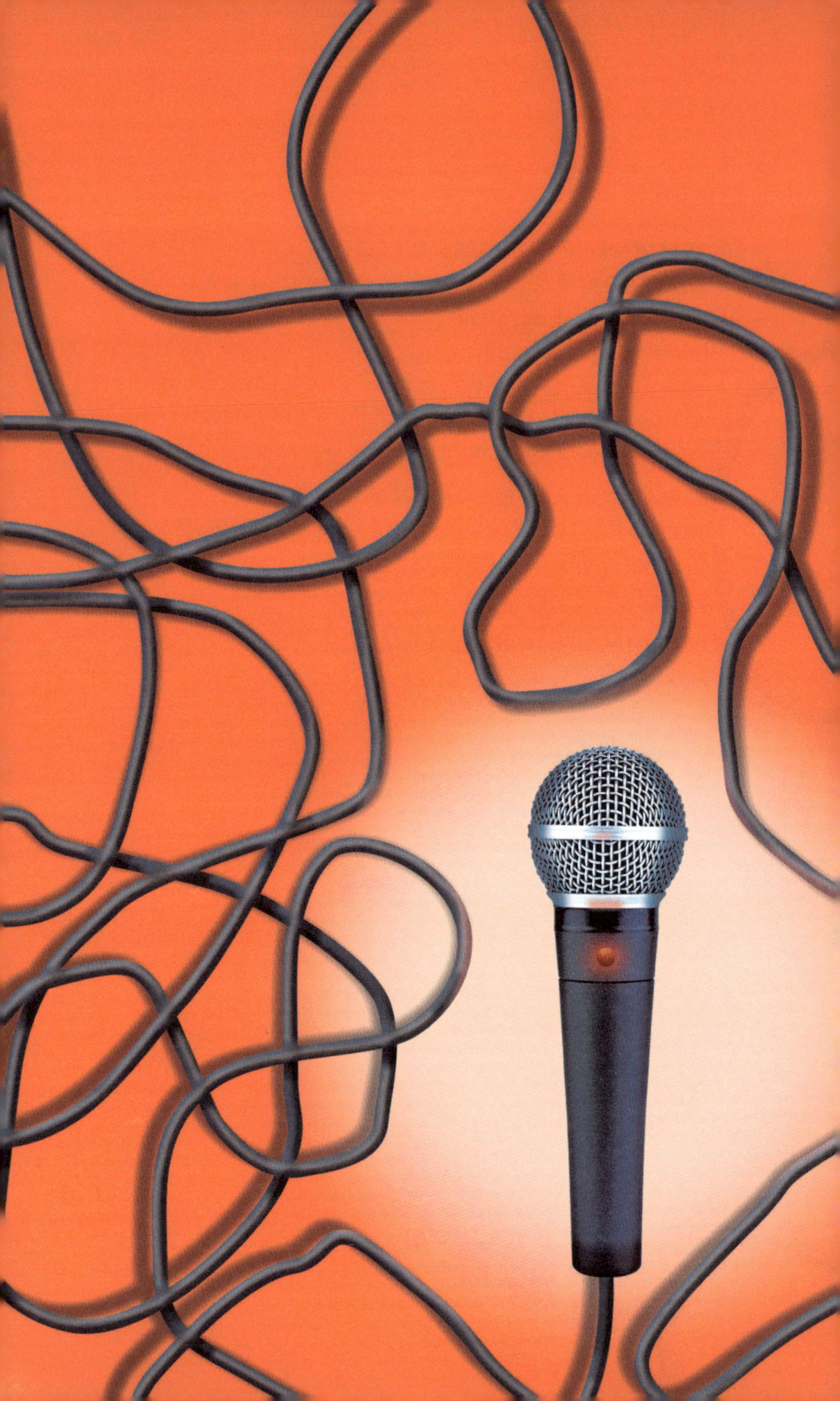

# Brevidade Inteligente nas suas falas

CONTADOR BREVIDADE INTELIGENTE

| 1550 PALAVRAS | 6 MINUTOS |

Brevidade Inteligente nas suas falas

Qual foi a última vez que você ouviu um discurso, um brinde, uma crítica, e pensou: "Foi ótimo. Só queria que tivesse sido mais demorado e mais confuso."

POR QUE ISSO É IMPORTANTE: A resposta é: *nunca*. O formato ideal de uma fala sensacional: faça com que suas observações valorizem o tempo do público e torne seu ponto principal memorável.

Nos discursos, como na vida, não é preciso dizer muito para fazer uma grande diferença. Alguns dos discursos mais emblemáticos foram curtos:

- O discurso de Gettysburg, de Abraham Lincoln: 272 palavras
- O célebre discurso de posse de John F. Kennedy: menos de 15 minutos
- O discurso de John Quincy Adams sobre a Declaração de Independência dos Estados Unidos: apenas três direitos inalienáveis, não 22

A especialista em comunicação Nancy Duarte fez um popular TED Talk depois de estudar o ritmo, o arco e o conteúdo de discursos famosos, inclusive "I have a dream" (Eu tenho um sonho), de Martin Luther King Jr., e o de lançamento do iPhone feito por Steve Jobs em 2007. Eis a versão Brevidade Inteligente da "estrutura secreta" que ela encontrou nesses grandes discursos:

- Descreva o contexto: como a questão está hoje no mundo.
- Compare com sua ideia grandiosa – idealmente, o objetivo do discurso.
- Alterne sua fala entre o que é e o que poderia ser.
- Convoque as pessoas a agir.
- Encerre com um retrato vívido da utopia caso elas abracem sua ideia.

Veja como foi a lenta e sedutora apresentação de Jobs sobre o iPhone:

- Ele se maravilha com a própria criação, convidando o público a pensar sobre como o mundo poderia ser: melhor, futurista, emocionante.
- Ele segura, mostra, gira e descreve as falhas de outros aparelhos.
- Então ele liga o iPhone, como se estivesse abrindo a porta para te mostrar a Lua. O celular se acende, mágica e miticamente.
- Ele encerra com a promessa de um amanhã melhor – e muito mais por vir.

Brevidade Inteligente nas suas falas

Ok, agora de volta ao planeta Terra: você não é o Steve Jobs. E duvido que esteja inventando um dispositivo que vai mudar para sempre a humanidade. O mais provável é que esteja simplesmente tentando sobreviver ao palco sem fazer papel de idiota. Eis algumas dicas práticas que funcionam para nós, meros mortais.

1. Vença antes mesmo de começar. Você é um ser humano, então precisa agir como um. Pense em como escrever e falar de maneira autêntica. Muitas pessoas tentam imitar os outros ou falar como se fossem o protagonista de uma peça da Broadway. Seja você mesmo.

- Desculpe, mas slides, notas e teleprompters são péssimas muletas. O foco deve estar em VOCÊ e nas suas palavras.
- Pratique e lembre-se de olhar nos olhos de cinco ou seis pessoas durante a sua apresentação.

2. Não se esqueça do público. Se você tiver sorte, eles vão se lembrar de um aspecto dentre tudo o que você disse. É provável que estejam ansiosos para olhar o celular; talvez estejam fazendo isso discretamente.

MAS, MAS, MAS: Discursos e palestras são diferentes de outras formas de comunicação. As pessoas estão lá para ouvir você sobre um tema específico. Conquiste o público desde o início: comece com uma história real que, de preferência, provoque algumas risadas. Resista à tentação de contar *mais* uma piada ou história de superação: isso põe tudo a perder.

- Eis uma forma infalível de avaliar quanto deve durar sua história de abertura: imagine que você encontrou um vizinho. As pistas sociais nos dizem exatamente por quanto tempo podemos entretê-lo sem chateá-lo nem entediá-lo.

- Essa deve ser a extensão exata da sua história de abertura. Estabeleça tempo e espaço, descreva a situação, conte o que aconteceu. Então pare.

3. Destile e aprofunde UM argumento ou UMA lição mais importante. Ponha no papel, palavra por palavra – não apenas saiba. Após definir sua Grande Ideia, desenvolva seu discurso em torno dela.

- Uma coisa podemos garantir: se você não sabe o que quer dizer com uma frase, não há nenhuma chance de seu público saber.

- Simplifique sua Grande Ideia em uma frase CURTA. Em seguida, vá lapidando palavra por palavra, usando o modelo de palavras fortes no capítulo 10 (palavras de duas sílabas = 🔥). Quanto mais instigante, melhor. O público vai sair correndo para compartilhar seu ponto de vista com pessoas queridas, colegas de trabalho, amigos à beira da piscina? Se não, você ainda tem trabalho a fazer.

- A *Harvard Business Review* recomenda 15 palavras, no máximo, para o seu argumento principal. Nosso conselho: quanto mais curto, melhor.

4. Acerte-os em cheio com seu argumento. No clímax da sua fala, diga: "Se tem uma coisa que eu quero que vocês lembrem hoje é..." Em seguida, apresente sua Grande Ideia lapidada exatamente como a escreveu. Você ganhará a atenção imediata de todos. Você terá feito o trabalho mental por eles – separando o essencial do supérfluo.

Brevidade Inteligente nas suas falas

5. Siga com o seu "Por que isso é importante" – um contexto curto para sua Grande Ideia. Você pode até mesmo dizer: "Isso é importante para vocês porque..." Assim mantém seu raciocínio em ordem e o público atento.

6. Em seguida, apresente algumas estatísticas ou histórias que corroborem a Grande Ideia e lhe deem vida. Enumerá-las e intitulá-las ajuda: "Cinco tópicos..." Faça com que seja divertido – talvez dizendo o número de maneira dramática ou com uma entonação diferente.

- Dar números a seus dados de suporte ajuda o público a fazer anotações. Para ser mais direto: isso mostra que você sabe para onde está indo. Se você provar que está no comando, o público vai acompanhá-lo.

- Ou siga o modelo de Nancy Duarte, que explica as diferenças radicais entre a vida antes e depois da implementação da sua ideia.

- De qualquer forma, um arco lógico e fácil de acompanhar é essencial. Suas ideias e seus exemplos devem ser simples e conectáveis. A complexidade acaba com tudo.

7. Reforce sua Grande Ideia ao final, dizendo: "Lembrem-se, se vocês tiverem que tirar uma lição de tudo o que eu disse..."

E agradeça. Termine sempre com um comentário elegante e grato. Isso leva as pessoas a torcerem por você.

O JEITO ERRADO: Talvez o presidente Joe Biden tivesse um objetivo em mente no discurso de formatura de 28 minutos que fez em 2021 na Coast Guard Academy, em New London, Connecticut.

- Mas, se tinha, era um segredo só dele. E os formandos deixaram isso claro, com reações mornas às suas tentativas de fazer graça contando, por exemplo, uma piada sobre a Marinha que não funcionou.

O presidente por fim deu uma gargalhada e proferiu um insulto direto. "Vocês são uma turma muito chata", disse ele, em aparente frustração e desespero. "Quero dizer, vamos lá, pessoal. Vocês estão com frio, é isso?"

- E então veio o momento mais sofrido de todos. Esperamos que você jamais precise dizer: "Mas, brincadeiras à parte..."

A LIÇÃO: O presidente Biden não tinha uma Grande Ideia para comunicar. Ele estava lendo um discurso bonito, mas irrelevante. Quando a atenção do público se desviava, ele também se distraía.

Foi assim que o presidente Biden tentou prender a atenção dos formandos:

- "O mundo está mudando. Vivemos um ponto de inflexão significativo na história mundial. E o nosso país e o mundo – os Estados Unidos da América sempre foram capazes de definir o futuro em tempos de grandes mudanças. Nós nos mostramos capazes de nos renovar o tempo todo. E, repetidamente, provamos que não há nada que não sejamos capazes de fazer enquanto nação quando nos unimos – digo isso pra valer –, sequer uma única coisa."

Eita. Deixe a gente consertar isso para você, Sr. Presidente:

Brevidade Inteligente nas suas falas

- "Meus parabéns aos formandos. Vocês estão vivendo em um momento épico da história mundial – e podem fazer uma diferença enorme e duradoura, rapidamente. Por exemplo..."

Generalidades nebulosas e erráticas versus o curto, o afiado e o incisivo.

Não há comparação.

O JEITO CERTO: Alguns dos discursos mais fascinantes do mundo são TED Talks – falas potentes de especialistas cuja Grande Ideia foi lapidada ao ser contada inúmeras vezes.

- Eis um segredo do TED, a organização sem fins lucrativos que patrocina essas preciosidades: cada palestra dura 18 minutos ou menos, não importa quem você seja.

- Chris Anderson, chefe do TED, diz que esse tempo é "curto o suficiente para prender a atenção das pessoas", mas "longo o suficiente para dizer algo que importa". É uma boa fórmula.

Uma das palestras TED mais vistas de todos os tempos é "Como detectar um mentiroso", da especialista em redes sociais Pamela Meyer. Ela começa sua palestra de 2011 dizendo: "Eu não quero alarmar ninguém neste auditório, mas chamou minha atenção o fato de a pessoa à sua direita ser mentirosa."

- Você captou minha atenção, Pamela. E bastou uma frase.

Então ela faz uma piada: "Desde que escrevi o livro *Detector de mentiras*, ninguém mais quer me encontrar pessoalmente. Todos dizem: 'Deixa pra lá, nós te mandaremos um e-mail.'"
Belo material. Duas frases.

- Na sequência, ela dá um pequeno mapa: "Então, antes de começar, o que eu vou fazer é esclarecer meu objetivo para vocês."

- Em seguida vem a Grande Ideia dela: "Mentir é um ato cooperativo. Seu poder surge quando alguém concorda em acreditar na mentira."

Na mosca.

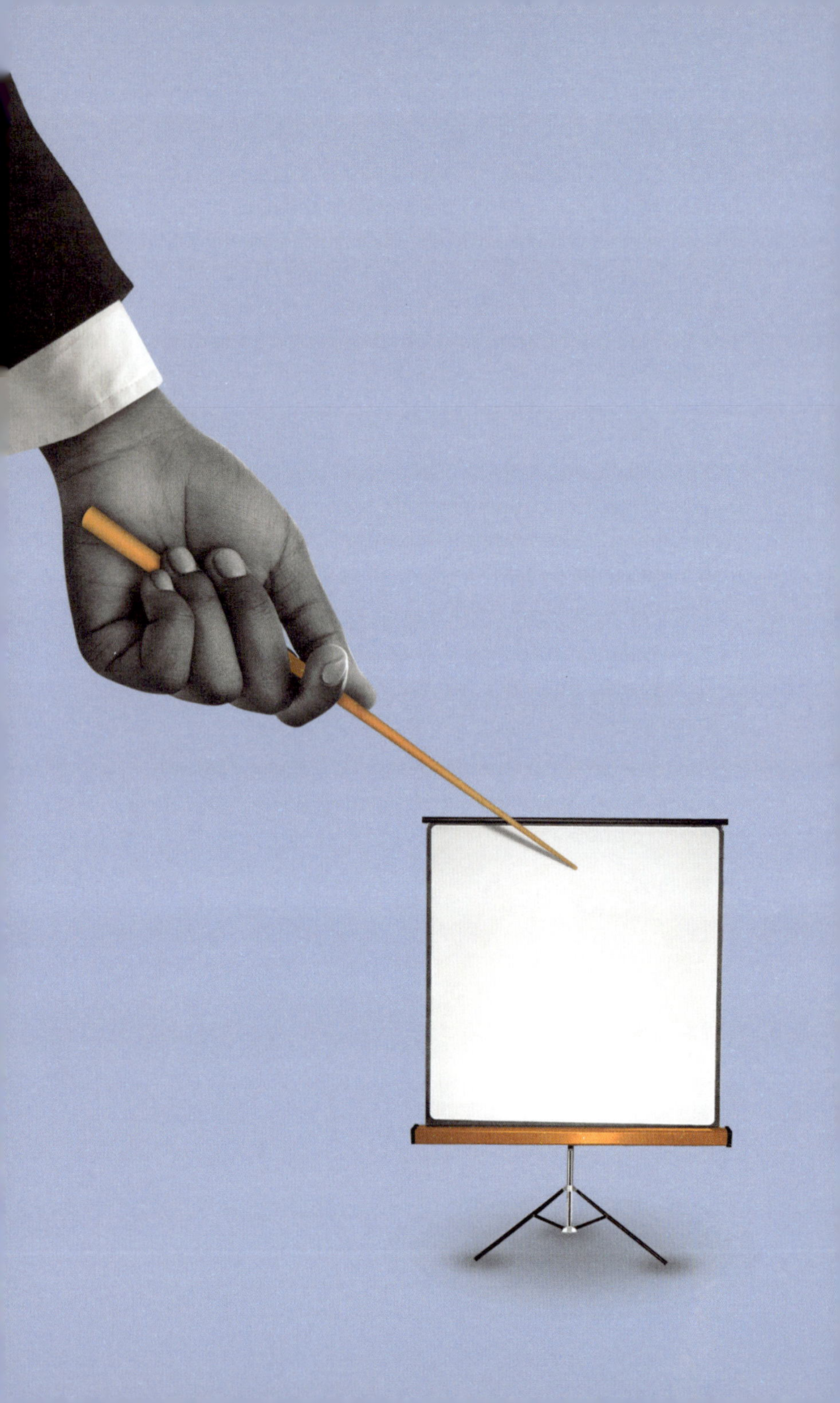

18

Brevidade Inteligente nas apresentações

CONTADOR BREVIDADE
INTELIGENTE

| 760 PALAVRAS | 3 MINUTOS |

Brevidade Inteligente nas apresentações

Incontáveis apresentações são estressantes para o apresentador, chatas para o público e uma perda de tempo para ambos.

POR QUE ISSO É IMPORTANTE: Pense em uma obra-prima do PowerPoint como algo minimalista. O nirvana seria o menor número de palavras, no menor número de slides, com o mínimo de distrações possível.

- Tudo o que está sendo apresentado deve guiar e destacar seus argumentos fundamentais – não apenas repeti-los ou, pior, implodir a atenção e a retenção de quem assiste.

Isso é o oposto dos seus instintos, e a maior parte do ruído que você testemunha no Zoom ou em salas de reunião.

- "Imagine um remédio caro e amplamente usado que dizem ser capaz de deixar você mais bonito, mas que não funciona", disse certa vez o teórico do design da informação Edward Tufte sobre o PowerPoint. "Na verdade, esse remédio tinha efeitos colaterais sérios e recorrentes: nos deixava burros, comprometia a qualidade e a credibilidade da nossa comunicação, nos tornava chatos, desperdiçava o tempo dos nossos colegas. Esses efeitos colaterais e a relação custo/benefício insatisfatória decorrente levariam, com razão, a um *recall* global."

O mundo precisa de uma intervenção no PowerPoint. Sejam a mudança, irmãs e irmãos. Comecem de um jeito simples:

- Você pode falar, usar slides, mostrar belas fotos. Nada disso importa se não tiver uma ideia clara do que quer que o público lembre.

- O princípio é o mesmo que rege uma newsletter, um e-mail, discurso, tuíte ou qualquer outra forma de comunicação: *Pense antes de usar o PowerPoint*.
- Aprimore sua ideia para que você saiba exatamente – palavra forte por palavra forte – o que está dizendo e "por que isso é importante".

Existe um princípio norteador que se aplica a todas as comunicações, e às apresentações em particular: simplifique para reforçar. Pense em menos palavras, menos slides, menos recursos visuais – elimine qualquer coisa que distraia sua plateia dos pontos *fundamentais*. Em seguida, coloque em prática estes truques específicos para apresentações:

1. Escreva o resultado exato que você busca e três a cinco argumentos que você PRECISA apresentar para chegar a ele.

- Apresente seus argumentos em ordem, como se estivesse atuando em um tribunal diante do júri. Esse é o seu esboço.
- Aplique os truques de concisão e eficiência para lapidar sua demanda ou um resultado específico em cerca de seis palavras. Isso faz com que a atenção do público se concentre NO ponto mais importante.

2. Simplifique todos os slides.

- Uma mensagem em cada slide. As pessoas devem absorver seu argumento em 3 segundos, no máximo. Pense no slide como um outdoor: alguém passando por ele a 100 por hora entenderia?

Brevidade Inteligente nas apresentações

- Pesquisas mostram que o texto é uma das formas menos eficazes de comunicação em uma apresentação. Portanto, reduza a quantidade de palavras.
- Adote uma única fonte e/ou um estilo visual.

3. Imagens contam uma história vívida. Elas são exponencialmente mais eficazes do que aglomerados de palavras. Combine imagens com poucas palavras – a atenção e a retenção vão aumentar.

Por que isso acontece?

- Neurologistas dizem que, quando recebemos novas informações, nosso cérebro pode processar no máximo dois estímulos – digamos, palavras faladas e imagens. Se você acrescentar a isso um monte de texto, já me perdeu. Ler textos nos slides? Esqueça – seu público certamente já esqueceu.
- O biólogo molecular John Medina descobriu que imagens = recordação duradoura. Segundo ele, inserir uma imagem marcante pode aumentar a memorização para 65%, em comparação com 10% quando uma pessoa simplesmente escuta uma informação.

4. Seja breve. A teoria educacional mostra que processamos melhor uma apresentação se ela trouxer uma grande ideia, embasada por três a cinco argumentos. A Brevidade Inteligente está em toda parte.

- Converse com amigos que trabalham no mercado financeiro e você ouvirá histórias absurdas de horas e horas noite adentro montando apresentações pomposas que não fazem absolutamente nada para informar, persuadir ou motivar.

- Segundo a *Harvard Business Review,* um sócio da McKinsey recomenda aos novos contratados que sigam esta regra: para cada 20 slides que você quiser colocar em sua apresentação, use 2.

  Ótimo conselho. Apenas corte – meia dúzia, no total, deve bastar.

- Menos palavras, imagens, transições e sons vão deixar sua apresentação mais limpa e marcante.

- **5. Seja sempre categórico.** Como qualquer vendedor que se preze, você não vai conseguir o que deseja sem pedir específica e diretamente. Basta preencher as lacunas:

  Convoquei esta reunião e elaborei esta pauta para obtermos _____ ou ensinar _____ a vocês.

- Esse, resumido no menor número de palavras humanamente possível, é o seu slide final.

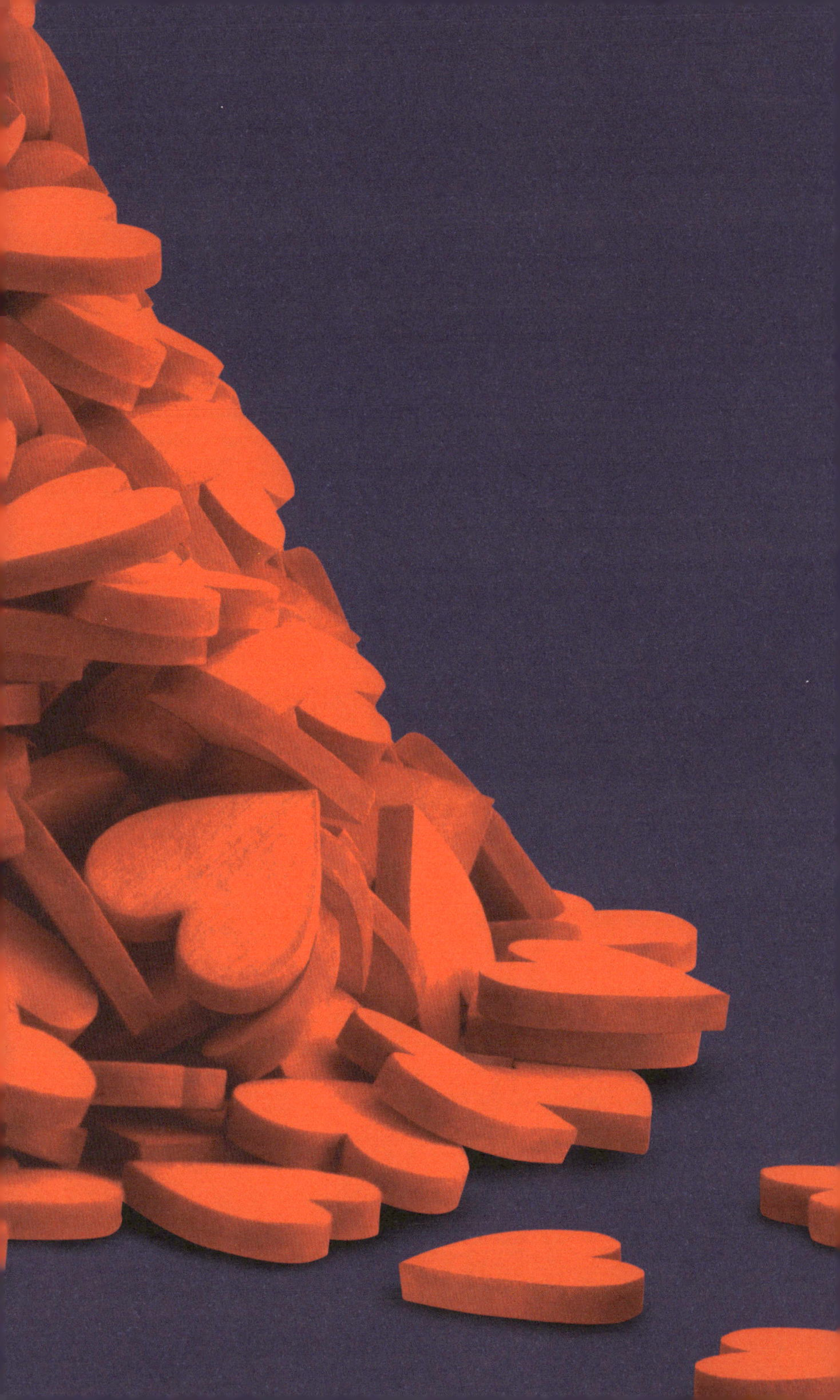

19

Brevidade Inteligente nas redes sociais

CONTADOR BREVIDADE
INTELIGENTE

540
PALAVRAS

2
MINUTOS

Brevidade Inteligente nas redes sociais

As redes sociais são o combate corpo a corpo na guerra por atenção.

POR QUE ISSO É IMPORTANTE: Não há cenário mais darwiniano nas comunicações do que rolar o feed de uma rede social. Em um e-mail, você tem alguns segundos para chamar atenção. No Twitter ou no Instagram, é um piscar de olhos.

- O minimalismo eficiente da Brevidade Inteligente ajuda a destacar suas postagens em meio à confusão caótica do Twitter, do Facebook, do Instagram. Com isso é mais provável que você apareça, que cliquem ou compartilhem seu conteúdo, que ele ganhe atenção.

A Lua é molhada.

washingtonpost.com
Dois estudos confirmam a presença de água na Lua
Uma nova pesquisa confirma o que os cientistas supunham há anos – a Lua é molhada.

- Tuíte ótimo: "🚨 –> A Lua é molhada."
- Tuíte ruim – o lide da história: "Existe água na superfície da lua, e pode haver gelo nas áreas sombreadas, de acordo com dois estudos publicados segunda-feira na revista *Nature Astronomy*."

Uma fórmula vencedora para a maioria das postagens em redes sociais é oferecer algo ao público – uma ideia, uma pontuação, uma risada – em vez de pedir que cliquem, comprem ou façam algo.

- Se você oferecer algo ao leitor é mais provável que ele se engaje com o seu conteúdo, e os algoritmos vão começar a recompensá-lo.

Falamos muito sobre pensar na única coisa que você quer dizer aos leitores ou ouvintes – a única coisa que você quer que eles lembrem.

- Nas redes sociais, DIGA APENAS essa coisa a eles. Provoque-os com uma notícia quente. Provoque-os com aspas inesperadas. Surpreenda-os com dados marcantes.
- As redes sociais nos obrigam a ser impiedosamente seletivos. Não importa quão incrível seja sua ideia ou sua prosa, o Twitter, o Instagram e o Facebook limitam o que é visto em uma tela.

DICAS & TRUQUES

❶ Conheça seu público.

- O Twitter gosta de fatos, dados, aspas quentes, uma notícia – quanto mais urgente, melhor.

- O Instagram está mudando. Antes era o lugar das fotos chiques, todas com filtro. Agora, há mais pessoas recebendo notícias e informações pelo Instagram. A fórmula vencedora aqui é uma imagem atraente, com um texto curto e potente. Como muitas vezes você não pode colocar um link de outra publicação, o Insta o obriga a resumir.

- Se o Twitter é agitado e o Insta é bacana, o Facebook é quente. Nele você obtém ação e tração dando um toque provocativo à sua ideia ou ao seu anúncio. Se for chato, vai sumir sem deixar vestígios sob as ondas do feed.

❷ Esteja atento às imagens.

Escolha imagens limpas, simples e atraentes para ganhar seu público. As três plataformas são visuais – o Twitter menos –, mas palavras sem arte são um desastre em qualquer canto.

❸ Use as técnicas da Brevidade Inteligente e os emojis.

Se bem empregados, todos os truques – de palavras fortes e simples a emojis evocativos – funcionam na maioria das redes sociais.

Eis alguns exemplos para cada plataforma.

BOM

Um modelo de clareza hábil

> **Kendall Baker** ✓
> @kendallbaker
>
> ESPORTES:
> - 🏀 NBA: 18% branca
> - 🏈 NFL: 27% branca
> - ⚾ MLB: 59% branca
> - ⚽ MLS: 38% branca
> - 🏀 WNBA: 17% branca
>
> IMPRENSA:
> - ✍️ Editores esportivos: 85% brancos
> - ✍️ Repórteres esportivos: 82% brancos
> - ✍️ Colunistas esportivos: 80% brancos
>
> Dados: Instituto para a Diversidade e Ética no Esporte
>
> 18h28 – 6 de julho de 2020 – Twitter Web App

RUIM

> **Usuário do Twitter** ✓
> @twitteruser
>
> De acordo com o Instituto para a Diversidade e Ética no Esporte, a NBA é 18% branca, a NFL é 27% branca, a MLB é 59% branca, a MLS é 38% branca e a WNBA é 17% branca. Na mídia: Editores, repórteres e colunistas esportivos são 85%, 82% e 80% brancos, respectivamente.
>
> 21h19 – 19 de setembro de 2022 – Twitter Web App

BREVIDADE INTELIGENTE EM AÇÃO

Brevidade Inteligente nas redes sociais

◉ Instagram

RUIM
O que dizer? Letras minúsculas – e em excesso.

Como escolher atividades seguras

	Pessoas não vacinadas	Atividade	Pessoas que tomaram todas as doses
		Ambientes externos	
O mais seguro	🟢	Caminhada, corrida ou andar de bicicleta com pessoas que vivem na mesma casa que você	🟢
	🟢	Um encontro em lugar aberto com poucos amigos e pessoas da família, todos com as doses de vacina em dia	🟢
	🟢	Um encontro em lugar aberto com poucos amigos e pessoas da família, nem todos com as doses de vacina em dia	🟢
Inseguro	🟡	Jantar em um lugar aberto com amigos que vivem em casas diferentes	🟢
O menos seguro	🔴	Evento em lugar aberto com aglomeração de pessoas, como shows ao vivo, desfiles ou jogos esportivos	🟢

Vacine-se contra a covid-19

- **Medidas de prevenção não necessárias**
- **Adote medidas de prevenção**
  Pessoas com todas as doses em dia: usem máscara.
  Pessoas que não estão com as doses em dia: usem máscara, mantenham distanciamento de dois metros e lavem frequentemente as mãos.
- A classificação de níveis de segurança considera que as medidas recomendadas para a prevenção da covid-19 foram adotadas, tanto pelo indivíduo quanto pelos responsáveis pelo local (caso se aplique).
- Não é possível prever níveis de risco específicos para cada atividade em cada comunidade. É importante levar em conta a sua situação individual e os riscos para você, sua família e sua comunidade antes de romper o isolamento.

ⓘ Visite o Centro de informação de covid-19 para saber mais sobre vacinas.

A seguir, um exemplo de chamada pouco clara e mensagem ambígua.

MENTALIDADE COVID

Vantagens da Vacinação
5 coisas que você pode fazer se estiver vacinado, mas DEVE evitar se não estiver:
- Comer em um restaurante ou bar.
- Ir a uma aula de ginástica em local fechado.
- Ir a um evento em lugar aberto com aglomeração de pessoas (esportes ou shows).
- Ir ao cinema.
- Cantar em um coral.

Como se manter seguro durante a pandemia
5 atividades que você DEVERIA evitar se não estiver vacinado:
- Comer fora com pessoas que não vivem na mesma casa.
- Ir ao barbeiro/salão de beleza.
- Ir a um shopping fechado ou a um museu.
- Utilizar transporte público.
- Participar de reuniões em locais fechados com pessoas que não vivem na mesma casa.

5 atividades que você DEVE evitar se não estiver vacinado:
- Ir a um evento em lugar aberto com aglomeração de pessoas (esportes ou shows).
- Ir ao cinema.
- Cantar em um coral em local fechado.
- Comer em um restaurante ou bar.
- Ir a uma aula de ginástica em local fechado.

BOM

Como contar uma história complicada em zero palavra.

Os EUA são um dos oito países que não oferecem licença--maternidade remunerada

Alguns desses países são pequenos demais para serem vistos no mapa. A duração média entre os que oferecem é de 29 semanas.

■ 0 semana ■ 4 semanas ou menos ■ 4 a 12 semanas
■ 12 a 24 semanas ■ 24 semanas ou mais

Fonte: World Policy Analysis Center, Universidade da Califórnia em Los Angeles

---

Basta passar os olhos para saber exatamente de que se trata.

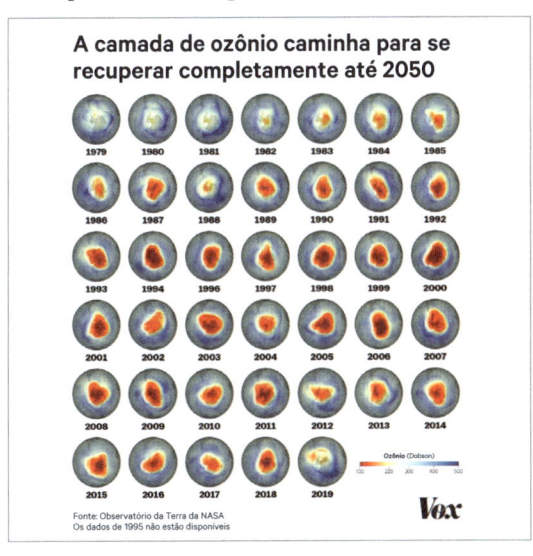

A camada de ozônio caminha para se recuperar completamente até 2050

Ozônio (Dobson)

Fonte: Observatório da Terra da NASA
Os dados de 1995 não estão disponíveis

Vox

BREVIDADE INTELIGENTE EM AÇÃO

Brevidade Inteligente nas redes sociais

facebook

RUIM

Vago, entulhado – não faço ideia de qual é o objetivo.

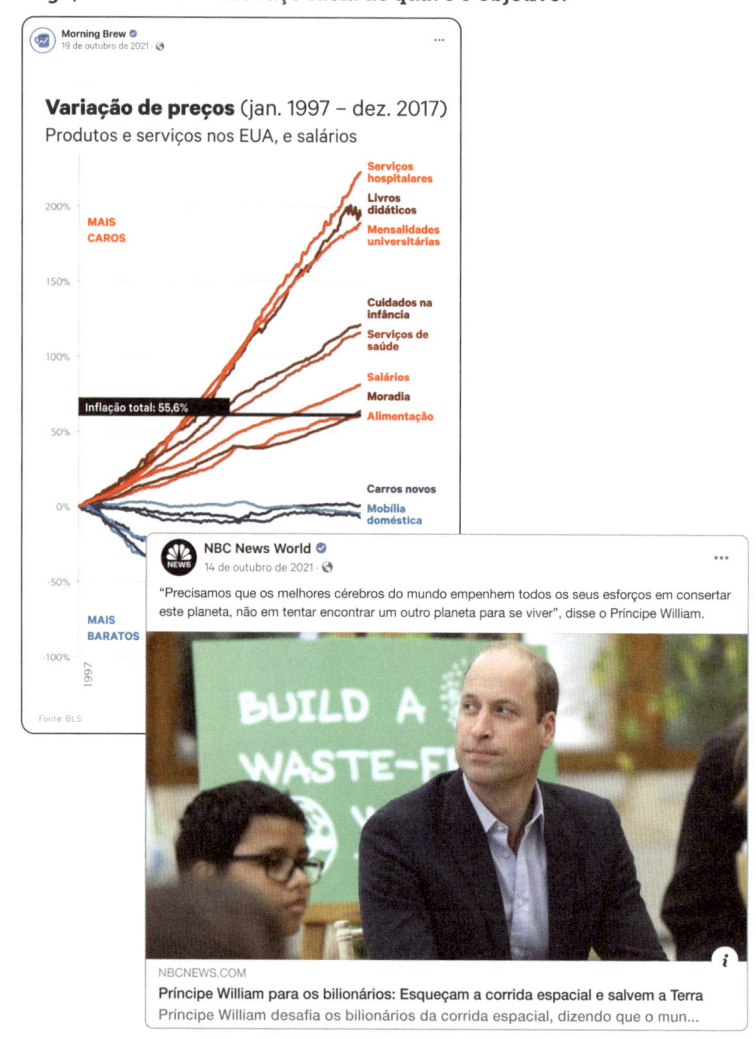

Morning Brew
19 de outubro de 2021

Variação de preços (jan. 1997 – dez. 2017)
Produtos e serviços nos EUA, e salários

- Serviços hospitalares
- Livros didáticos
- Mensalidades universitárias
- MAIS CAROS
- Cuidados na infância
- Serviços de saúde
- Salários
- Moradia
- Alimentação
- Inflação total: 55,6%
- Carros novos
- Mobília doméstica
- MAIS BARATOS

Fonte: BLS

NBC News World
14 de outubro de 2021

"Precisamos que os melhores cérebros do mundo empenhem todos os seus esforços em consertar este planeta, não em tentar encontrar um outro planeta para se viver", disse o Príncipe William.

NBCNEWS.COM
Príncipe William para os bilionários: Esqueçam a corrida espacial e salvem a Terra
Príncipe William desafia os bilionários da corrida espacial, dizendo que o mun...

BOM

Informações reais, bem avaliadas pelo Facebook.

> **New York Post** ✓
> 13 de janeiro de 2021
>
> O tuíte recebeu mais de 300 mil likes e 30 mil retuítes em menos de 5 horas.
>
> NYPOST.COM
> **Elon Musk provoca estardalhaço depois de tuitar: "Legalizem o humor."**
> Elon Musk criou um tumulto na quarta-feira ao postar a frase "Legalizem...

Conta uma história complexa e fascinante em um piscar de olhos.

> **A Guerra no Afeganistão custou aos EUA 300 milhões de dólares por dia ao longo de 20 anos**

BREVIDADE INTELIGENTE EM AÇÃO

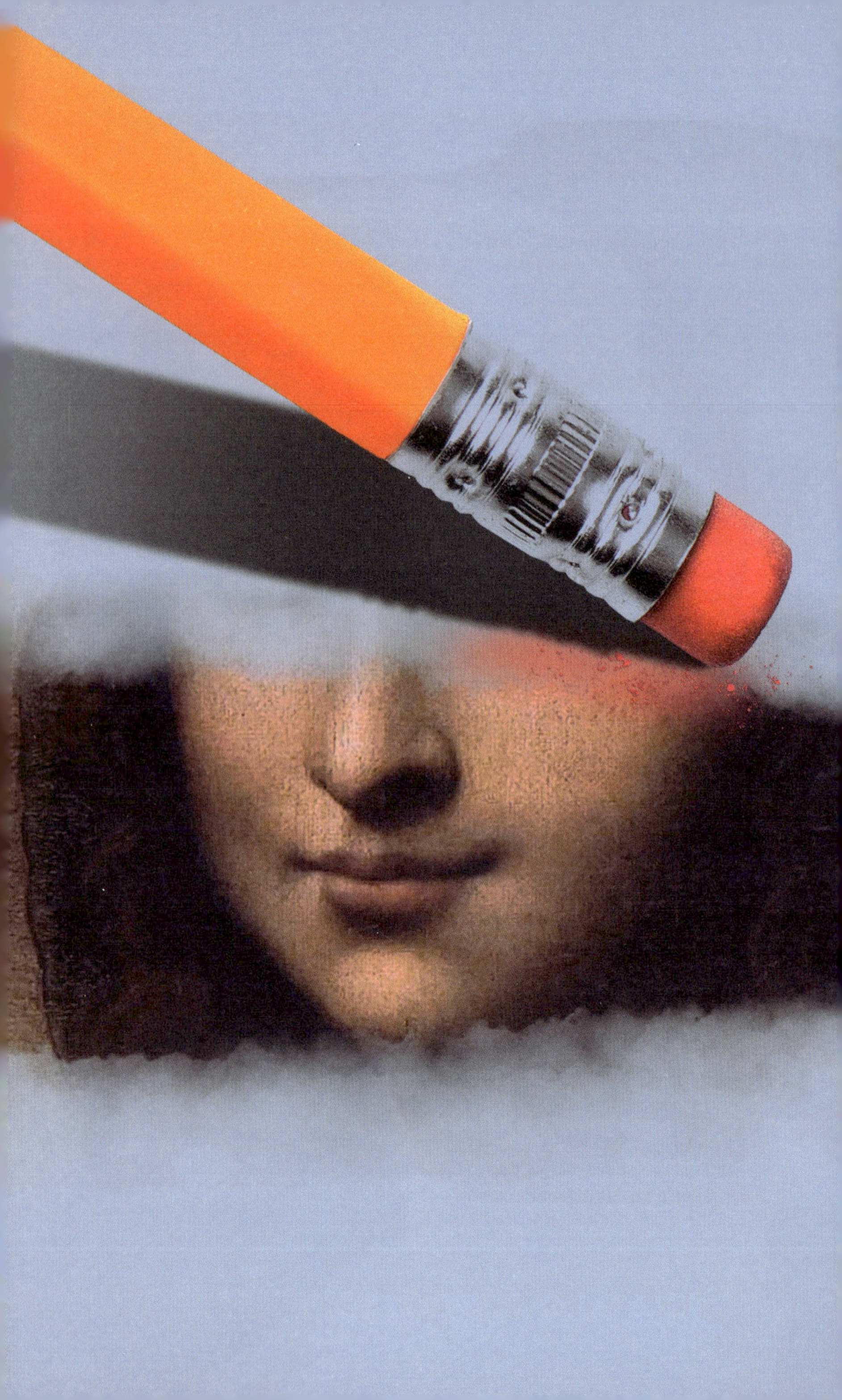

20

Brevidade Inteligente nos layouts

CONTADOR BREVIDADE INTELIGENTE

| 540 PALAVRAS | 2 MINUTOS |

Brevidade Inteligente nos layouts

Esperamos que as imagens simples e atraentes no início de cada capítulo mostrem como a Brevidade Inteligente se aplica às artes visuais.

POR QUE ISSO É IMPORTANTE: Na Axios, aspiramos ao que chamamos de *eficiência elegante*. Quando criamos artes para nosso site, newsletters e peças de marketing, ficamos obcecados com uma coisa: qual é a forma mais limpa, precisa e agradável de apresentá-las?

- Estabelecer uma hierarquia e priorizar o leitor deve guiar seu design, assim como você faz com sua escrita, explica Sarah Grillo, nossa guru visual.

Hierarquia é uma ideia fundamental na arte e no design. Significa que usamos escala, cor e contraste para atribuir importância aos elementos de um layout de modo a orientar o olhar do espectador. É semelhante ao modo como estabelecemos hierarquia na escrita.

- Como exemplos, veja como cada capítulo deste livro começa: uma breve linha de abertura apresentando uma ideia, complementada por "Por que isso é importante".

- Uma boa hierarquia muitas vezes passa despercebida. Uma hierarquia pobre chama atenção indesejada.

Todos os recursos visuais devem ser analisados pelas lentes de como os leitores os interpretarão. Pergunte a si mesmo:

- O conceito faz sentido para alguém que o vê pela primeira vez?

- Todos os elementos estão legíveis?
- O layout expressa bem o conteúdo?

A chamada e o texto podem ser desnecessários para entender o conceito que uma ilustração forte comunica.

A LIÇÃO: Para aplicar a Brevidade Inteligente nos recursos visuais, siga esta fórmula:

- Comece com um conceito forte.
- Elimine os elementos supérfluos.
- Julgue o trabalho sempre da perspectiva do destinatário.

Eis o exemplo de uma matéria da Axios intitulada "Republicanos do Texas admitem que há um problema", sobre a aposentadoria de seis parlamentares republicanos da Câmara do Texas. A ideia era mostrar um elefante, símbolo do Partido Republicano, segurando uma pequena bandeira do Texas em alusão ao ato de agitar uma bandeira em sinal de rendição.

Brevidade Inteligente nos layouts

Essa ilustração funciona, mas a bandeira é ofuscada pelo elefante. Em termos de hierarquia, você olha primeiro para o elefante. A bandeira fica em segundo plano. Também é pequena em comparação com o elefante.

POR QUE FUNCIONA: Mudar a escala e cortar a maior parte do elefante transforma a imagem. Agora há equilíbrio entre os elementos e um senso de hierarquia mais forte. O elemento supérfluo era o corpo do elefante. O fundo também ajuda a equilibrar a ilustração com mais sucesso do que na primeira tentativa.

É possível ver uma dinâmica semelhante em jogo no design dos nossos sites para dispositivos móveis e de nossas newsletters – o que chamamos de "tela". Cada pixel conta, e passamos meses criando a página mais agradável possível no lugar da tela compacta e atordoante com a qual você está acostumado.

DICAS & TRUQUES DE SARAH

❶ Capte a atenção das pessoas com os recursos visuais e a escolha de palavras.

Isso se aplica tanto a apresentações em PowerPoint quanto a trabalhos escolares.

❷ Seja direto – na arte, no design e na linguagem.

❸ Crie uma hierarquia para orientar seu público-alvo.

Certifique-se de que a pista visual mais importante atraia a atenção do leitor.

❹ Ofereça contexto.

Pode ser por meio de cor, profundidade ou layout.

❺ Seja respeitoso com seu público – abstração, excesso e confusão são seus inimigos.

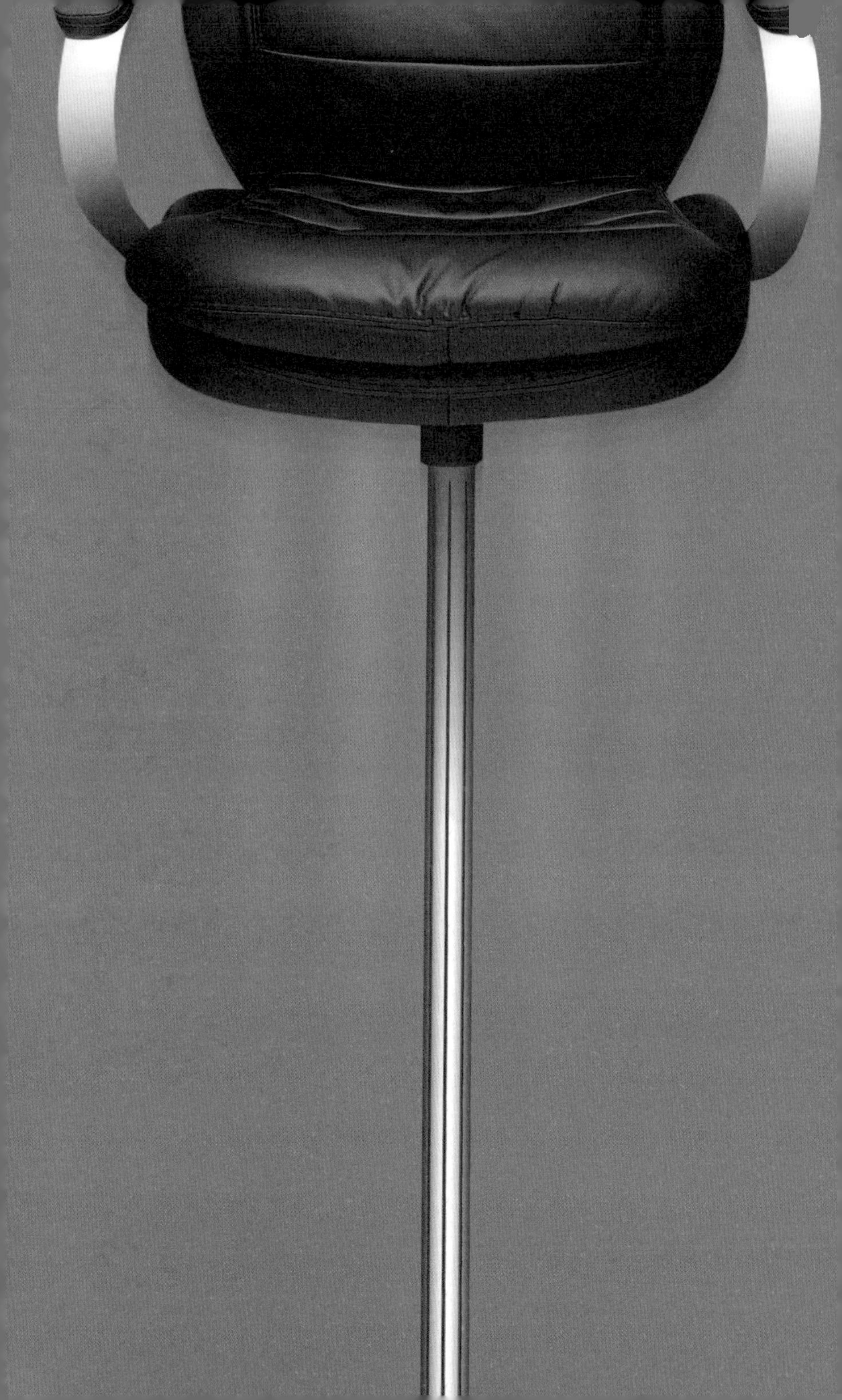

21

Como gerir uma empresa com Brevidade Inteligente

CONTADOR BREVIDADE
INTELIGENTE

1730
PALAVRAS

6,5
MINUTOS

Como gerir uma empresa com Brevidade Inteligente

Este livro seria uma estupidez e uma perda de tempo se não praticássemos o que pregamos. Administramos toda a nossa empresa no modo Brevidade Inteligente.

POR QUE ISSO É IMPORTANTE: É fundamental para nossa gestão e nossa cultura, e uma das principais razões pelas quais ganhamos prêmios por nosso local de trabalho inclusivo, feliz e sensacional.

PARA IR MAIS FUNDO: A Axios é atualmente uma startup com mais de 500 pessoas e uma cultura viva, hiperambiciosa e absurdamente transparente. Todo funcionário possui ações da empresa, e respondemos a *qualquer* pergunta, com duas exceções: quanto alguém ganha e por que alguém saiu. Mantemos silêncio sobre isso em respeito à privacidade de cada um.

- **FATO CURIOSO:** Permitimos que todos os funcionários perguntem qualquer coisa – absolutamente qualquer coisa – sem se identificar, e lemos a pergunta *ipsis litteris* na reunião semanal, não importa quão direta ou grosseira seja, e então respondemos. Sim, isso pode ser constrangedor.

Algo mágico acontece quando nos comunicamos de maneira clara e transparente: eliminamos todas as fofocas e intrigas que surgem entre os funcionários por estarem confusos ou serem mantidos no escuro.

Dizemos a líderes, a amigos de outras empresas e a amigos

pessoais que o braço direito deles deve ser um comunicador, não um administrador ou um gênio das finanças. Público, funcionários, acionistas, investidores e amigos, todo mundo quer saber o que você está fazendo e por quê.

- Falhas de comunicação podem paralisar ou confundir toda a organização.

PANORAMA GERAL: Somos todos comunicadores hoje em dia. Nunca os seres humanos falaram, escreveram ou enviaram tantas mensagens de texto – e nunca acharam tão difícil ser ouvidos. Portanto é melhor ser bom nisso, ou encontrar alguém que seja.

- Nossa equipe, como todas, quer saber em que acreditamos e por que fazemos o que fazemos. A maioria dos executivos é péssima em dar essas respostas.
- O trabalho remoto e híbrido exige uma comunicação rápida e clara. Sem isso, como um vendedor que trabalha em Oshkosh, no Wisconsin, pode se manter inspirado e conectado aos chefes em Nova York?
- O Project Management Institute descobriu que 30% dos projetos que dão errado fracassam por uma comunicação ruim.
- A maioria das pessoas que deixam o emprego afirma ter sentido desconexão e queda no engajamento, de acordo com uma pesquisa da Edelman.

A LIÇÃO: A crise na comunicação não se limita aos negócios ou aos líderes de destaque. Quanto mais ruído e distração houver, mais precisão e eficiência serão necessárias para que sejamos ouvidos – e lembrados.

NEWSLETTERS INTERNAS DA AXIOS

Lights On, da nossa equipe financeira... *Cranes*, da Axios Local... *Click Clack*, do nosso guru de tráfego na web... *The Funnel*, do nosso diretor de crescimento... *The TopLine*, de nossos guerreiros de vendas.

- Essas são apenas algumas das newsletters publicadas regularmente pelos executivos da Axios.

POR QUE ISSO É IMPORTANTE: Porque dá aos vendedores um fórum para compartilhar as melhores práticas, incentiva a competição saudável entre as unidades e elimina os silos – todos enxergam o que todos estão fazendo.

AS ENTRELINHAS: Para os cofundadores, esses informes são um sistema de alerta preliminar para qualquer atividade que esteja se desviando dos objetivos da empresa. Em uma noite de domingo, eles nos dão a certeza de que todo mundo está no caminho certo e permitem identificar áreas que precisam da nossa atenção, de incentivo ou de elogios.

- E nossa parte favorita é a seguinte: já chegamos bem informados às reuniões individuais com nossos líderes. Assim, podemos usar esse tempo para falar sobre inovações, insights, gargalos e disrupções.

EM DETALHE: Entre os conteúdos mais populares desses informes estão o campo de assunto das newsletters mais lidas, prévias de novos produtos e metas de faturamento alcançadas.

- Como "1 coisa divertida" ao final, as pessoas incluem o que estão lendo ou ouvindo, fotos de seus cachorros, estatísticas das maratonas de um membro da equipe. Em tempos de trabalho remoto, é uma oportunidade de conhecer melhor um colega que você talvez nunca veja pessoalmente.

- Basta olhar para a política. O poder não depende mais da posição, do tempo no cargo ou do dinheiro. Ele flui para aqueles que dominam ou subvertem as comunicações modernas e curtas nos noticiários televisivos ou no Twitter.
- Professores, pastores, líderes de pequenos grupos – todos que se comunicam com muitos – enfrentam desafios semelhantes ao deparar com cérebros condicionados pelas tecnologias instantâneas.

Aprendemos tudo isso da maneira mais difícil. Nos primeiros dias da Politico, zombávamos dessa conversa de comunicação e cultura e achávamos que tudo daria certo se as pessoas apenas fizessem seu trabalho.

Estávamos absolutamente errados. Nossa taxa de atrito era tão alta que a *The New Republic*, uma revista nacional, escreveu que nossa empresa era "um lugar difícil para se trabalhar". Tivemos que mudar, começando por conversas mais transparentes e regulares com a equipe.

- Hoje na Axios nos comunicamos internamente da mesma forma que nos comunicamos com os leitores, e está dando certo. Tudo começou com o que chamamos de *5 Big Things* (5 Coisas Importantes) – uma newsletter semanal, toda em Brevidade Inteligente, que detalha em ordem de importância o que estamos pensando ou fazendo. É direta, divertida e relevante.

Jim a escreve todos os domingos, com a ajuda mais do que essencial de Kayla Brown, a alma do nosso negócio. Ela já vinha fazendo um informe às sextas-feiras e nos disse que deveríamos fazer todas as nossas comunicações dessa forma. E assim nasceu a *5 Big Things*.

Como gerir uma empresa com Brevidade Inteligente

Roy teve a ideia genial de exigir que todos os executivos fizessem a mesma coisa com suas equipes – e compartilhassem isso com seus pares. Agora, toda semana todos ficam sabendo dos principais pontos em ordem de importância. Acabamos com os informes enlatados das reuniões, e ninguém mais diz: "Não sabia que estávamos fazendo isso!" Simplesmente nos reunimos e tratamos do que está por vir.

- Mantenha-se informado: quando Jim se senta para escrever no domingo, ele sabe de tudo o que está acontecendo na empresa. A piada interna é que ele

THE RUNDOWN

Matt Burns, que trabalha com comunicação política e corporativa há 20 anos, disse que um dos grandes mistérios do nosso tempo é por que os hábitos de consumo das pessoas evoluíram, mas as comunicações não.
Burns – diretor de comunicações da GRAIL, empresa de biotecnologia focada na detecção precoce do câncer, hoje ligada à Scipher Medicine, de Boston – disse que a grande batalha agora é como atrair e manter a atenção das pessoas.

- Ele decidiu exterminar um dos maiores sugadores internos de tempo: os e-mails.

Burns começou a usar nosso software Axios HQ enquanto trabalhava no UnitedHealth Group, e fez dele o núcleo de sua estratégia logo que se transferiu para a GRAIL. Ele precisava alinhar rápida e instantaneamente a equipe dispersa e veloz da startup enquanto lançavam novos produtos.

- Burns descobriu que a eficiência é fundamental, especialmente para chegar aos cientistas mais jovens da empresa: "Eles abrem os e-mails e dão uma olhada rápida."

poderia comandar a empresa de seu barco de pesca no Maine. A realidade: Kayla às vezes faz *mesmo* isso da casa de sua infância em Kerrville, no Texas.

Os maiores beneficiados são os funcionários. Todos nós detestamos estar por fora, perdidos em relação ao rumo do negócio, inseguros quanto ao propósito. Hoje os líderes da nossa empresa nos enviam e-mails breves e concisos – assim como a equipe da BP fez depois que Geoff o apresentou – e criam suas próprias newsletters para agregar as pessoas em torno de suas paixões.

- "Cada minuto do trabalho deles conta", disse Burns. "Eles não têm tempo livre para procurar informações sobre as prioridades e a cultura da empresa – precisam de informações apresentadas de forma sucinta e previsível."

Para acabar com todos os e-mails aleatórios, Burns lançou uma newsletter semanal, *The Rundown* (O Resumo).

- Ela chega na mesma hora à caixa de entrada de todos os mais de 750 funcionários, "exatamente como os antigos jornais impressos", de acordo com Burns.
- A abertura é alegre: "Sextou, GRAILers!" 🥳 Cada edição tem cerca de 1.400 palavras – uma leitura de 5 minutos.

Hoje os colegas de Burns precisam pedir que seus tópicos sejam incluídos.

- Os numerosos e-mails internos aleatórios do GRAIL eram abertos por menos de um terço dos destinatários. As newsletters mais importantes e eficientes têm taxas de abertura de cerca de 90%. Uma newsletter nos mesmos moldes que Burns criou para a Scipher já alcança índices de abertura de 75%, isso em poucos meses.

DICAS & TRUQUES DO JIM
PARA CEOS E LÍDERES

❶ A missão importa.

Encontre formas de incluir em seus tópicos a alma e o propósito de sua organização. "Por que isso é importante" é a ferramenta perfeita.

- **Nunca é de mais repetir: sua missão só começa a se fortalecer quando você se irrita de tanto repeti-la.**

❷ Conte uma história.

Se alguém fosse ler todas as suas newsletters do ano anterior, elas deveriam contar uma história clara e poderosa sobre o que você estava fazendo, pensando e concretizando. Cada tópico ou cada newsletter deve fazer o mesmo.

- **As pessoas ficam entediadas com facilidade. Elas querem uma história autêntica que explique por que se esforçam tanto e se dão o trabalho de ler suas palavras.**

- **Mandamos para os novos funcionários as edições anteriores da *5 Big Things*, para que eles já possam chegar produzindo.**

❸ Não seja falso.

Escreva com franqueza e autenticidade. As pessoas não são idiotas – elas percebem quando uma frase é um clichê corporativo ou parece ter sido escrita por um advogado. Pare agora.

❹ Não desista.

Você precisa se conectar com sua equipe pelo menos uma vez por semana. Resista ao impulso de acabar com a newsletter. Se você não quer que os outros a ignorem, lidere pelo exemplo.

❺ Seja humilde.

Se você é CEO, líder ou gestor, você é bem-sucedido e, muito provavelmente, inteligente. Mas não *tão* inteligente assim. Demonstre gratidão, admita seus erros, zombe de si mesmo. Isso desobriga as pessoas ao seu redor de agir como idiotas corporativos presunçosos.

❻ Incentive imitações.

A mágica se revela de fato quando as pessoas ao seu redor começam a se comunicar no mesmo estilo e em cadência semelhante. Quando percebemos que a Brevidade Inteligente era um divisor de águas *dentro* da Axios tanto quanto havia sido para o nosso público, vimos um aumento no alinhamento entre as equipes. Todos se divertem contando as próprias histórias e sabem o que os colegas estão fazendo – em toda a empresa e em todo o país.

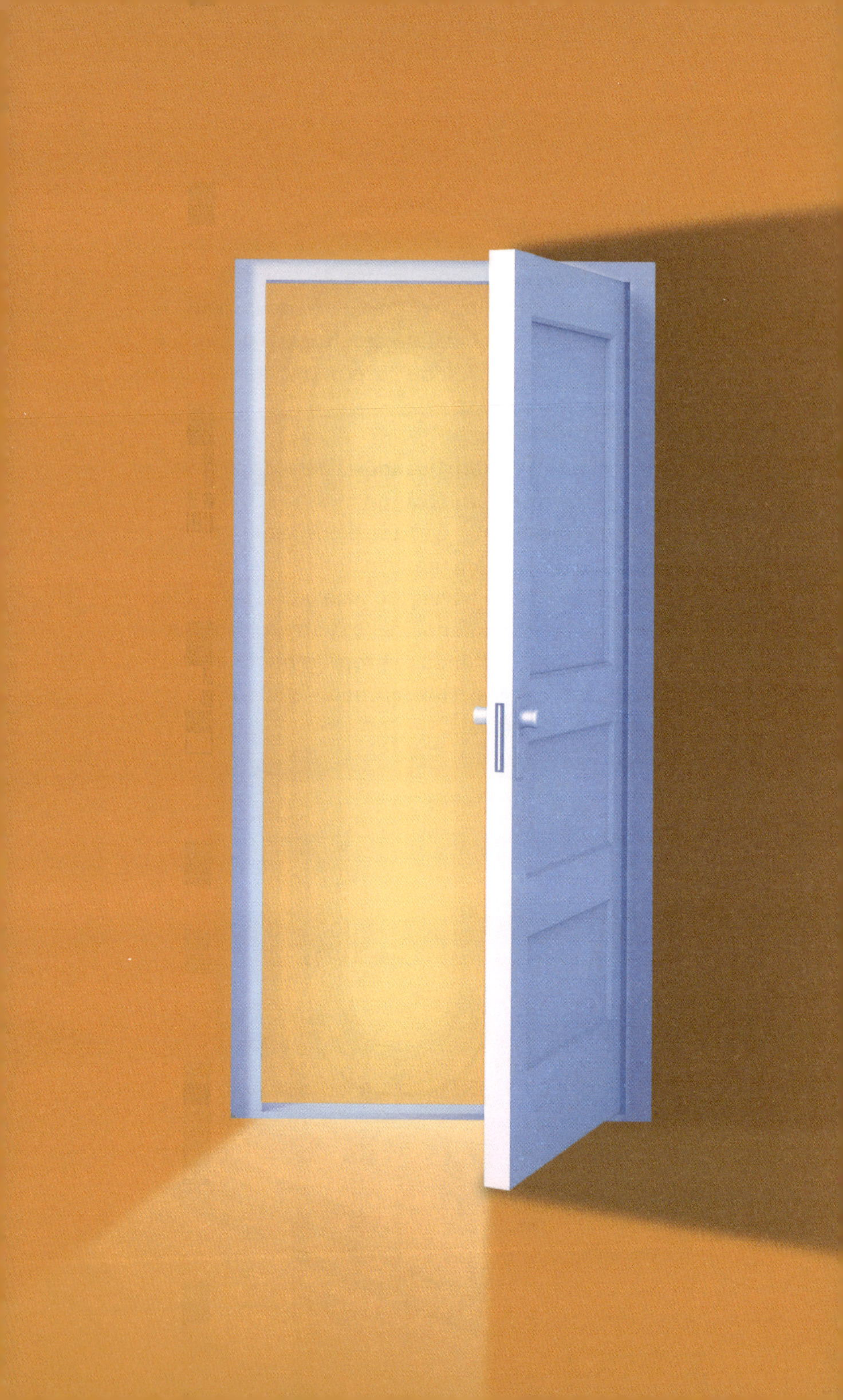

22

Comunique-se de forma inclusiva

CONTADOR BREVIDADE
INTELIGENTE

1020 PALAVRAS | 4 MINUTOS

Comunique-se de forma inclusiva

Se você não se comunica de forma inclusiva, não se comunica de forma eficaz.

POR QUE ISSO É IMPORTANTE: Estamos falando sobre ser acessível, próximo e confiável aos olhos de todo o seu público, independentemente de gênero, raça, cor, religião, identidade de gênero, idade, capacidade física, orientação sexual ou qualquer outro fator.

- Os princípios da Brevidade Inteligente podem ajudar a superar as diferenças de trajetória e de habilidades. São simples e diretos – acessíveis e agregadores por natureza.

- Se executados com eficiência, criam um estilo universal de comunicação, que naturalmente elimina muito do viés cultural e da complexidade da escrita.

- Podem tornar o que importa mais acessível a pessoas com dificuldades de aprendizagem, como dislexia, por exemplo. Vivemos em um mundo diverso em um tempo globalizado, então esses princípios são mais importantes do que nunca.

COMO VENCER: Entenda que você tem pontos cegos, esteja ciente deles e tome medidas para ter certeza de que está estimulando a manifestação de vozes diversas.

- O caso em questão: a Axios foi fundada por três caras brancos. Há muitas experiências de vida que não temos – e muitas perspectivas que precisamos buscar ativamente.

- Na Axios, fizemos da diversidade, da igualdade e da inclusão uma prioridade desde o primeiro dia, tanto em relação às contratações quanto às pessoas que tomam as decisões finais.

Pense nos seus pontos cegos, que podem estar ligados a qualquer um dos fatores que citamos aqui ou a outros, como a geografia, a ideologia, o local de nascimento, a renda... não dá para listar tudo.

- Então, se você estiver escrevendo algo sensível ou complicado demais, peça a opinião de alguém que passou por experiências diferentes ou que tenha vivido uma vida radicalmente diferente da sua.

Direto da redação da Axios, eis algumas práticas recomendadas para a escrita inclusiva:

- **SEJA ESPECÍFICO** ao escrever sobre alguém. Pergunte à pessoa como ela se identifica: afro-americano, luso-brasileiro, etc. Ao se referir a indígenas, indique a etnia sempre que possível. E não deixe de consultar as pessoas sobre os pronomes de gênero que preferem.

- **CORTE DESCRIÇÕES** que possam reforçar sutilmente os estereótipos de pessoas ou comunidades.

- **VÁ MAIS FUNDO** na escolha das fotos para evitar soluções preguiçosas, como ilustrar o #StopAsianHate com imagens de restaurantes asiáticos.

Esta dica vale ouro:

- **TROQUE** uma identidade por outra – Esquerda por direita, uma etnia por outra – e veja se a linguagem e a intenção da frase permanecem isentas de julgamento.

Comunique-se de forma inclusiva

Eis outra área em que a Brevidade Inteligente é sua melhor amiga: muitas vezes podemos evitar armadilhas simplesmente omitindo informações irrelevantes. A Asian American Journalists Association diz:

- "**A ETNIA/RELIGIÃO/ORIGEM É RELEVANTE?** Usar qualificadores quando não são relevantes ou sem explicar sua relevância no contexto perpetua estereótipos nocivos."

Uma escrita clara e acurada pode ajudar *muito* a evitar ofensas. Quando lemos estas diretrizes do National Center on Disability and Journalism, percebemos que são ótimas regras de texto – ponto final:

- "**MENCIONE UMA DEFICIÊNCIA** somente quando ela for relevante à matéria e, se possível, confirme a denominação com uma fonte confiável, como um médico ou outro profissional habilitado."

- "**QUANDO POSSÍVEL**, pergunte às fontes como elas gostariam de ser descritas. Se a fonte não estiver disponível ou não puder se comunicar, pergunte a um familiar de confiança, advogado, médico ou organização relevante que represente pessoas com deficiência."

PARA IR MAIS FUNDO: Hoje é possível encontrar diversos guias de estilo que ajudam na escolha de palavras adequadas e termos específicos. Use essa ferramenta.

- Apenas passar os olhos por esses guias já nos lembra de como pessoas diferentes podem ouvir palavras e frases de formas bem diferentes.

MORAL DA HISTÓRIA: Se você ofender ou confundir o receptor, vai perdê-lo. Não apenas na newsletter ou na apresentação, mas para sempre.

- Caso em questão: uma em cada cinco crianças nos Estados Unidos apresenta dificuldades de aprendizagem, de acordo com o National Center for Learning Disabilities. Se isso se mantiver na idade adulta, estamos falando de 65 milhões de americanos – o que representaria 20% do público da Axios.

DICAS & TRUQUES DO ROY

❶ Escreva em linguagem simples e clara.

Isso permite que as pessoas entendam melhor a mensagem que você está tentando comunicar. Tem a ver com garantir que as palavras sejam nítidas e precisas e que qualquer pessoa consiga entendê-las. Essa regra ajuda não apenas pessoas com dificuldades de aprendizagem mas também as que têm outro idioma como língua materna.

❷ Use tópicos.

Empresários adoram tópicos, e Roy usa esse recurso para se comunicar com clareza desde a faculdade de administração. Essa forma de redigir obriga você a descobrir os pontos mais importantes e dissecá-los. Muitas vezes, as pessoas misturam vários assuntos – e perdem a atenção do público.

❸ Seja simples e breve.

Complexidade confunde. Abstração afasta. Extensão espanta. Você pode unir as pessoas em torno da compreensão comum de uma ideia ou informação importante escrevendo frases curtas e diretas e deixando de lado o jargão pedante e as construções rebuscadas.

Roy lembra que, na faculdade e no trabalho, começou a ver que era muito diferente dos outros. "A dislexia causou muita dor na minha vida, mas me deu um presente. Tive que resolver problemas, trabalhar mais, criar sistemas para prosperar."

A LIÇÃO: Não criamos a Brevidade Inteligente para pessoas com dificuldades de aprendizagem ou de linguagem – nem para promover a inclusão em si. Mas, ao observá-la na prática, percebemos que ela ajuda nos três casos.

A HISTÓRIA DE ROY

Os professores da cidade de Ilford, em Essex, Inglaterra, achavam que Roy era uma criança problemática. Eles faziam com que ele se sentisse burro e um fardo. Sua ortografia era um horror. Suas notas eram baixas.

- Uma aula de inglês da sétima série na Ilford County High School foi um verdadeiro soco no estômago – algo de que ele se lembraria para sempre e contaria em uma palestra para crianças com dificuldades de aprendizagem três décadas depois. Na época, o professor lhe devolvera um trabalho com mais uma nota medíocre, com vários trechos sublinhados em vermelho e anotações.
- "Curto e ruim", rabiscou o professor. "Você não tem um dicionário?"

Roy não era burro. Era disléxico. (Sim, professor, você deveria se sentir mal se estiver lendo isso.)

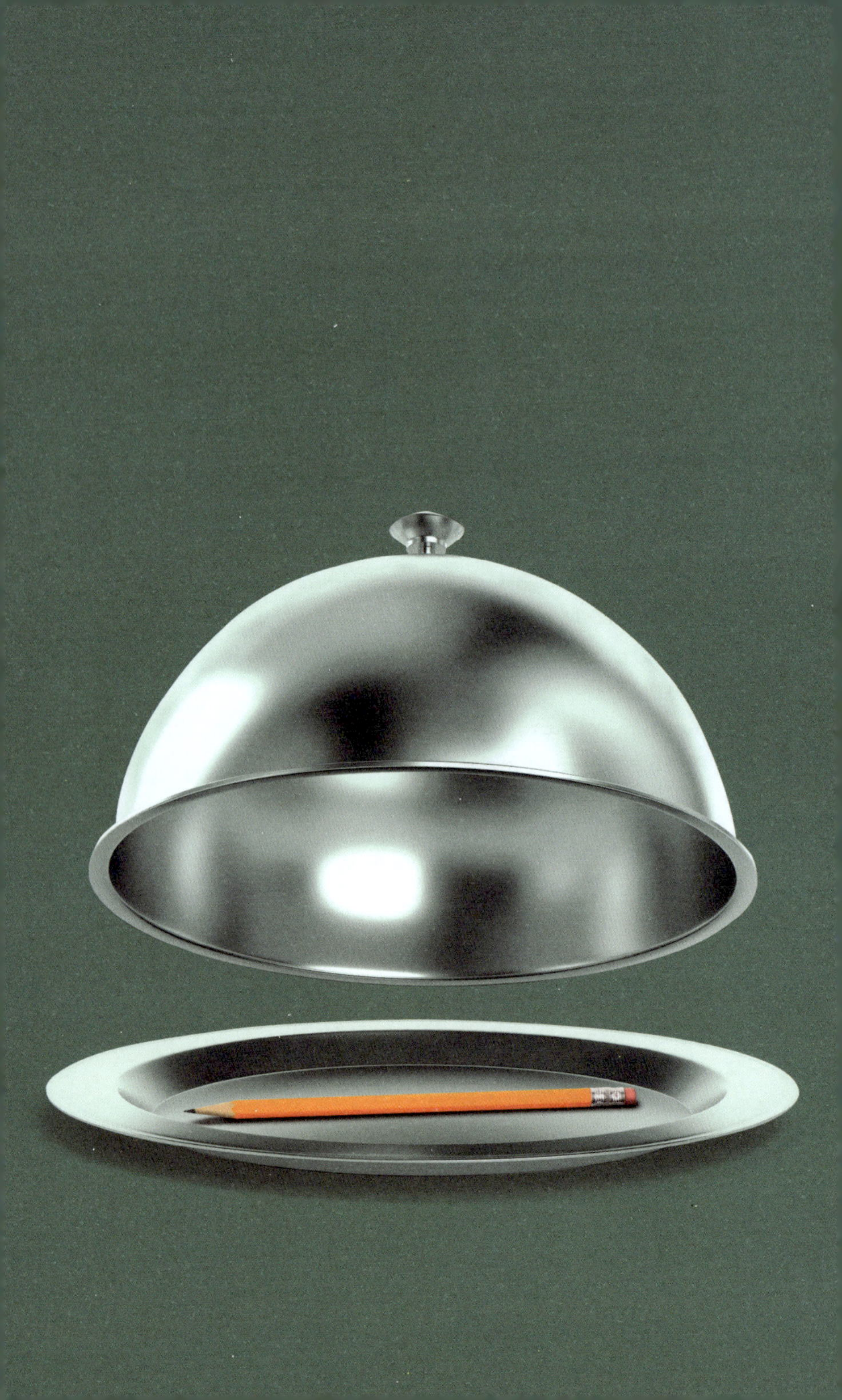

23

A cola

CONTADOR BREVIDADE
INTELIGENTE

| 800 PALAVRAS | 3 MINUTOS |

A cola

Eis um guia rápido e fácil para pôr em prática a Brevidade Inteligente.

DIRETRIZES

AUTORIDADE:

Você é uma fonte confiável de informações, e somente um especialista pode entender um problema, avaliar o que há de novo ou importante e destilá-lo de maneira precisa e interessante.

> Seja esse especialista, ou encontre um.

CONCISÃO:

Você se destaca ao respeitar o valioso tempo dos leitores, oferecendo a eles exatamente aquilo de que precisam para se manterem produtivos, sem deixá-los "com fome de informação".

> Seja curto, não raso.

POR QUE ISSO É IMPORTANTE: Pense nisso como sua primeira aula. Repita algumas vezes e observe a rapidez com que seu cérebro se adapta para fazer isso intuitivamente.

HUMANIDADE:

Você pode se comunicar com todo o espectro de emoções, sofisticação e nuances humanas, mas imponha a si mesmo o desafio de apresentar sua mensagem de uma maneira familiar e coloquial.

Escreva como você fala.

CLAREZA:

Seja frugal com as palavras por uma questão de concisão, para apresentar aos leitores conteúdo acessível, claro e simples de ler em um intervalo realista de tempo.

Ajuste o estilo para ter impacto.

A cola

Defina seu público.

- Especifique o que você quer que eles saibam.

Preencha os campos abaixo (em 60 segundos ou menos)

QUEM é o leitor inteligente para este exercício?

_____

_____

O QUE é que há de novo? Qual é o assunto com o qual você está familiarizado e sobre o qual esse leitor precisa saber?

_____

_____

_____

POR QUE isso é importante? Responda brevemente. Vamos voltar a isso depois.

_____

_____

_____

_____

_____

_____

Estruture de maneira inteligente e sucinta.

- Visualize o resultado que você deseja. Na maioria dos casos, a arte será opcional.

TÍTULO:
Ele é...

- Curto, com 6 palavras ou menos?
- Claro e específico?
- Informal, com palavras fortes?

AS NOVIDADES:
Esse texto tem...

- Uma frase apenas?
- O que você quer que os leitores lembrem?
- Um detalhe específico do seu título?

Preencha os campos abaixo (em 30 segundos ou menos)

ESCREVA o título e a primeira frase – lembre-se das dicas e dos truques.

A cola

Exemplo:

ANTES	DEPOIS
INFORME SOBRE NOSSO PLANO DE TRABALHO REMOTO EM 2021 Continuamos monitorando de perto o impacto da covid-19 e estamos escrevendo hoje para fornecer uma atualização de nossos planos para o restante do ano.	🚨 **OPÇÃO DE TRABALHO REMOTO ESTENDIDA** Todos terão a opção – mas não a obrigação – de trabalhar de casa pelo restante de 2021.

Explique o significado e o contexto.

- Escreva as palavras "Por que isso é importante", coloque-as em negrito e acrescente dois pontos no final.
- Pense na pessoa que você definiu como seu público-alvo.
- Em uma frase, explique por que você está compartilhando aquilo com ela, da forma mais direta e breve possível.

Crie seus axiomas.

- Pense no seu setor, na sua personalidade, na sua marca, na sua voz e no seu tom.

FAÇA UM BRAINSTORM para obter uma versão melhor de cada um desses axiomas para que eles conversem com seu público.

> Preencha os campos abaixo (em 60 segundos ou menos)

BREVIDADE INTELIGENTE   SUAS VERSÕES

AS NOVIDADES:

MORAL DA HISTÓRIA:

OS NÚMEROS:

PANORAMA GERAL:

A cola

Use seus axiomas para introduzir qualquer outra informação essencial.

- Divida toda massa de dados ou informações relacionadas em tópicos.

Revise seu trabalho.

- A esta altura você tem um belo texto, roteiro ou afim. Ele tem um leitor prioritário em mente, a parte superior está estruturada para atrair o público-alvo, e o corpo da letra é formulado de modo a facilitar a passagem de olhos e a fazer com que os leitores avancem.

As últimas revisões que fazemos provavelmente também serão familiares para você:

- **PRECISÃO:** Confira se no processo de edição você não cortou detalhes necessários ou nuances *essenciais*. Se tiver cortado, reinsira.

- **COESÃO:** Certifique-se de que tudo flui. Às vezes, elementos como frases de transição são cortados em nome da concisão, mas no final, se sua comunicação soar desconexa, reintroduza os mais importantes.

- **HUMANIDADE:** Muito importante. Confira se ainda há uma voz e uma personalidade em seu texto. Nas primeiras vezes que você usar a Brevidade Inteligente, se sua comunicação parecer curta ou excessivamente editada, você foi longe demais. Reserve um minuto para dar um pouco de vida a ela.

- Você vai soar preciso, eficiente, real – e será ouvido novamente. Sua comunicação será muito mais curta, inteligente e autêntica.

POR QUE ISSO É IMPORTANTE: Acreditamos que você vai descobrir o mesmo que nós. Esses truques e dicas vão ajudá-lo a vencer a guerra pela atenção – e fazer com que você volte a ser ouvido.

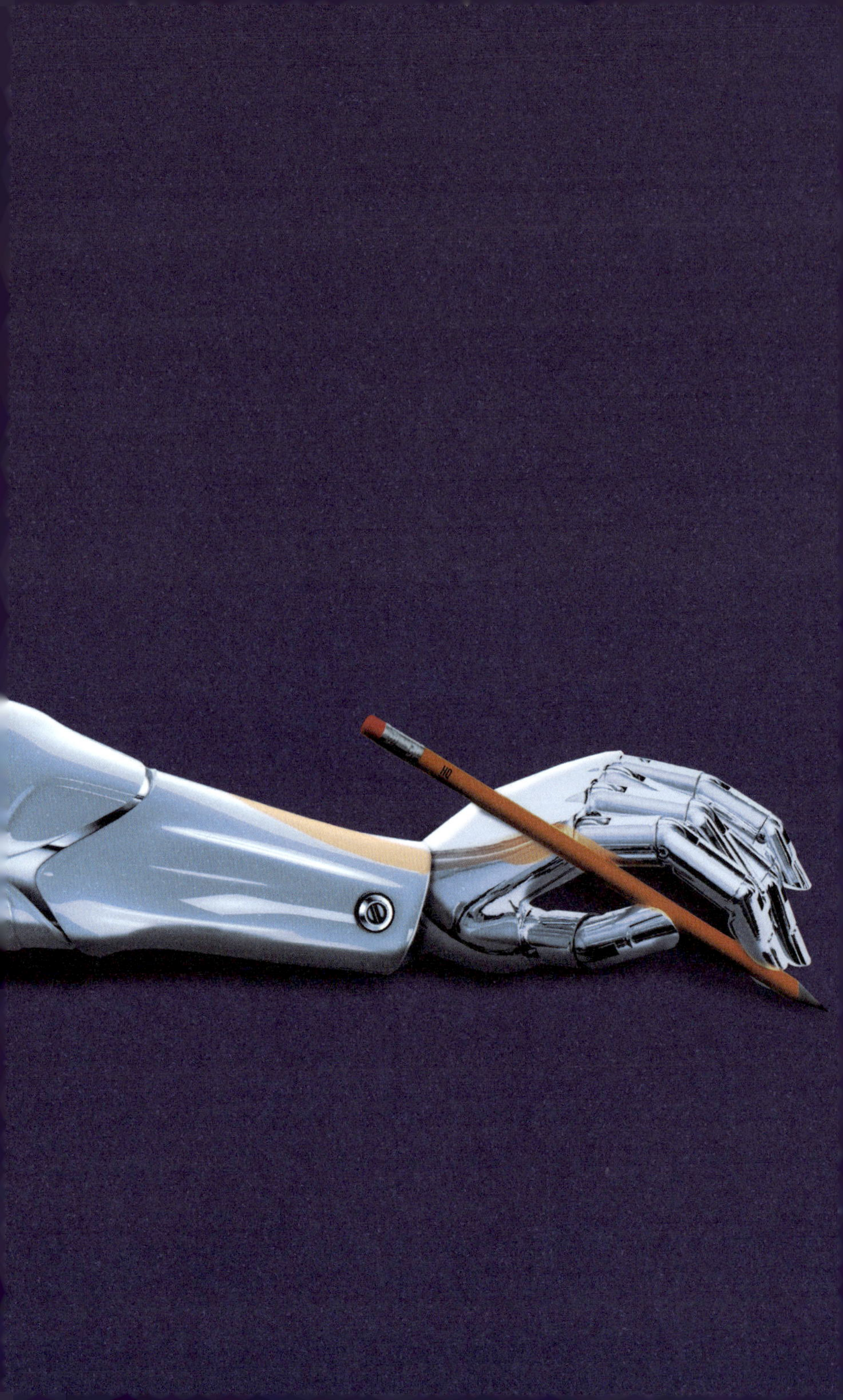

24

Ponha seu estilo à prova

CONTADOR BREVIDADE INTELIGENTE

| 380 PALAVRAS | 1,5 MINUTO |

Ponha seu estilo à prova

Se você chegou até aqui, está muito à frente de seus amigos e concorrentes: você sabe que vai perder – ou se perder – se não repensar e reestruturar a forma de se comunicar.

POR QUE ISSO IMPORTA: Esta é sua chance de testar a Brevidade Inteligente e ver quanto você aprendeu.

- No site SmartBrevity.com (em inglês), você pode fazer o upload de algo que tenha escrito e obter uma pontuação instantânea, além de um feedback que pode ajudá-lo a melhorar. Faça isso algumas vezes para ver se o seu placar melhorou com a prática.

Se quiser implementar a Brevidade Inteligente em sua organização, empresa, escola, ONG, equipe ou departamento, entre em SmartBrevity.com. Lá você encontrará vídeos, estudos de caso e informações adicionais sobre como aplicar a técnica em uma organização para se comunicar com mais eficiência.

PANORAMA GERAL: Centenas de empresas, organizações sem fins lucrativos e repartições públicas observaram melhorias da noite para o dia na resposta aos comunicados enviados a suas equipes internas e ao público externo depois que passaram a produzir textos mais breves e inteligentes.

1. Templates: O Axios HQ tem dezenas de formatos de newsletter semanal destinados a vendas, investidores ou conselho administrativo, para servir de inspiração.

2. Pontuação de concisão: Nossa IA atribui uma pontuação ao seu texto para que você possa otimizá-lo antes de enviar – e observar seu progresso.

3. Guia Smart Brevity: À medida que você digita, aparecem dicas de palavras melhores, estruturas mais fortes, o cabeçalho perfeito. O *bot* alerta quando houver títulos muito longos e trechos com excesso de palavras.

4. Colaboração: Nosso software permite que você convide várias pessoas para trabalhar em conjunto nesses informes – e até mesmo atribua determinadas seções a essas pessoas para que possam preencher a parte delas de maneira rápida e fácil.

5. Analytics: Veja quem abriu sua newsletter e quando. Dados reais sobre o que realmente leva as pessoas a se engajarem.

6. Uma história viva: Esses informes se tornam uma biblioteca útil que permite que novos membros da equipe se atualizem e falem a mesma língua.

- Essas ferramentas estão disponíveis, em inglês, nos sites SmartBrevity.com e axioshq.com.

NOSSA MENSAGEM FINAL: Esperamos que todos os truques e ferramentas deste livro ajudem você a romper o ruído, se comunicar com confiança renovada e voltar a ser ouvido.

Agradecimentos

Brevidade Inteligente (Smart Brevity) foi a visão dos autores quando criaram a Axios com três pessoas, ainda sem nome. Nos cinco anos desde então, a técnica foi testada e refinada pela equipe de jornalistas da Axios, que emprega hoje 150 profissionais, e pelo grande time por trás do nosso software, Axios HQ, que leva o superpoder da Brevidade Inteligente a empresas e organizações.

POR QUE ISSO É IMPORTANTE: A Brevidade Inteligente é empoderadora. Se você seguir os preceitos deste livro – partindo do aspecto altamente relevante de aprimorar sua ideia antes de começar a digitar –, será capaz de se comunicar com autoridade e causar impacto.

Muitos agradecimentos a Kayla Brown, a Funcionária nº 1 da Axios, hoje chefe de gabinete da nossa empresa. Não haveria livro sem ela. Kayla administrou e gerenciou de maneira consistente a magia de colocar nosso "molho secreto" entre as capas.

Nosso muito obrigado especial a:

Autumn VandeHei, a melhor metade de Jim, verdadeira maestrina das palavras.

Kelly Schwartz, a melhor metade de Roy e espinha dorsal da Brevidade Inteligente.

Rafe Sagalyn, um dos mais requisitados agentes literários de Washington, que teve a primeira visão da nossa técnica transformada em livro.

A equipe da **Workman**, uma editora lendária, por acreditar neste projeto desde o primeiro Zoom e pôr em campo toda a sua formidável experiência para nos ajudar na empreitada.

Agradecemos a toda a família Axios. Este livro não teria nascido sem a mágica que vocês criam todos os dias.

Nossa gratidão profunda ao pessoal que fez das tripas coração para que este livro se tornasse realidade: Aïda Amer, Sara Fischer, Qian Gao, Justin Green, Sarah Grillo, Sara Kehaulani Goo, Tristyn Hassani, Emily Inverso, Nicholas Johnston, Danielle Jones, David Nather, Neal Rothschild, Alison Snyder, Jordan Zaslav.

E aos amigos da Axios que entrevistamos para esta obra ou que nos ofereceram apoio durante as pesquisas: Eddie Berenbaum, Matt Burns, Jon Clifton e a equipe da Gallup, Jamie Dimon, India Dunn, Megan Green, Anna Greenberg e Jason Ashley, Elizabeth Lewis, Alice Lloyd, Geoff Morrell, Lisa Osborne Ross, Mark Smith, Ronald Yaros.

CONHEÇA ALGUNS DESTAQUES DE NOSSO CATÁLOGO

- Augusto Cury: Você é insubstituível (2,8 milhões de livros vendidos), Nunca desista de seus sonhos (2,7 milhões de livros vendidos) e O médico da emoção
- Dale Carnegie: Como fazer amigos e influenciar pessoas (16 milhões de livros vendidos) e Como evitar preocupações e começar a viver
- Brené Brown: A coragem de ser imperfeito – Como aceitar a própria vulnerabilidade e vencer a vergonha (600 mil livros vendidos)
- T. Harv Eker: Os segredos da mente milionária (2 milhões de livros vendidos)
- Gustavo Cerbasi: Casais inteligentes enriquecem juntos (1,2 milhão de livros vendidos) e Como organizar sua vida financeira
- Greg McKeown: Essencialismo – A disciplinada busca por menos (400 mil livros vendidos) e Sem esforço – Torne mais fácil o que é mais importante
- Haemin Sunim: As coisas que você só vê quando desacelera (450 mil livros vendidos) e Amor pelas coisas imperfeitas
- Ana Claudia Quintana Arantes: A morte é um dia que vale a pena viver (400 mil livros vendidos) e Pra vida toda valer a pena viver
- Ichiro Kishimi e Fumitake Koga: A coragem de não agradar – Como se libertar da opinião dos outros (200 mil livros vendidos)
- Simon Sinek: Comece pelo porquê (200 mil livros vendidos) e O jogo infinito
- Robert B. Cialdini: As armas da persuasão (350 mil livros vendidos)
- Eckhart Tolle: O poder do agora (1,2 milhão de livros vendidos)
- Edith Eva Eger: A bailarina de Auschwitz (600 mil livros vendidos)
- Cristina Núñez Pereira e Rafael R. Valcárcel: Emocionário – Um guia lúdico para lidar com as emoções (800 mil livros vendidos)
- Nizan Guanaes e Arthur Guerra: Você aguenta ser feliz? – Como cuidar da saúde mental e física para ter qualidade de vida
- Suhas Kshirsagar: Mude seus horários, mude sua vida – Como usar o relógio biológico para perder peso, reduzir o estresse e ter mais saúde e energia

sextante.com.br